HEYNE KOCHBÜCHER

Inge Grieser

Das Kochbuch für
Neurodermitiker

Abwechslungsreiche Rezepte
zur Unterstützung des Heilprozesses
bei Neurodermitis

Originalausgabe

WILHELM HEYNE VERLAG
MÜNCHEN

HEYNE KOCHBUCH
07/4648

ISBN 3-453-06075-X

Meinen Söhnen
Bernhard und Maximilian
gewidmet

INHALTSVERZEICHNIS

Abkürzungen und Erklärungen:

EL   = Eßlöffel
TL   = Teelöffel
Msp = Messerspitze
g   = Gramm
l   = Liter
ml   = Milliliter ($^1/_{1000}$ l)
i.D. = im Durchschnitt
1 Tasse = $^1/_8$ l = 1 normale Teetasse

Alle Zutaten, ob Lecithin oder Tofu (also Sojabohnenquark), Delifrut-Gewürzmischung oder Kokosflockenchips, milden Senf oder Carobpulver erhalten Sie im Reformhaus oder im Naturkostladen.

Vorwort

Die Neurodermitis, auch endogenes Ekzem oder atopische Dermatitis genannt, ist eine Erkrankung, die für uns Ärzte eine der größten Herausforderungen darstellt.

Wir beobachten in den letzten Jahren eine immense Zunahme dieses Krankheitsbildes und vor allem eine Zunahme von hilfesuchenden Patienten und Eltern an Neurodermitis erkrankter Kinder, die von Praxis zu Praxis weitergereicht werden, ohne eine deutliche Besserung des Beschwerdebildes zu zeigen.

Was ist diese Neurodermitis für eine Erkrankung?

Wir sehen die Hauterscheinung nicht als eine unheilbare Hautkrankung an, sondern als einen Zustand der komplexen Störung des gesamten körpereigenen Abwehr- und Regulationssystems auf dem Boden einer ererbten Empfindlichkeit. Neurodermitis ist keine vererbte Hauterkrankung, sondern eine Situation, eine Eigenschaft, eine Schwäche des Körpers, der, wenn er mit dem entsprechenden Allergen belastet wird, mit den bekannten Hauterscheinungen reagiert.

In der heutigen Zeit werden wir immer stärker mit einer Vielzahl sich ständig vermehrender Substanzen konfrontiert, die auf verschiedensten Wegen auf uns einwirken: über die Luft, die Nahrungsmittelkette, unser Wasser, in Form von Kosmetika, Reinigungs- oder Pflegemitteln, usw. Viele reagieren nicht auf diese Einflüsse, jedoch immer mehr Menschen leiden unter einer Immunabwehrschwäche, die sich u. a. durch multiple Infektionen der Haut, im Darm (Pilze oder Bakterien), durch virale Infekte,

Nebenhöhlenentzündungen usw. zeigen. Alle Neurodermitiker haben eine Immunabwehrschwäche.

Das ganzheitliche Behandlungskonzept betrachtet die Neurodermitis nicht als eine reine Hauterkrankung, sondern als eine Erkrankung des gesamten Menschen, der gesamten Immun- und Regulationssysteme, als ein Aushängeschild der seelischen Verfassung. Man sagt u. a., Neurodermitiker trügen ihre Seele auf der Haut. Die Erkrankung kann lange Zeit unterschwellig vorhanden sein, ohne ein entsprechendes Krankheitsbild zu zeigen. Erst wenn der Organismus mit der entsprechenden provokativen Substanz Kontakt aufnimmt bzw. aufgrund einer seelischen Konfliktsituation oder Stimulation den Auslöser setzt, zeigt sich die uns allen bekannte Krankheitsform.

Die Behandlung der Neurodermitis ist die Behandlung des gesamten Organsystems, nicht nur der Haut. Erst wenn der ganze Mensch in die Harmonie zurückkehrt, zeigen sich Fortschritte in der Behandlung.

Das Immunsystem muß aufgebaut, der Darm saniert, der Organismus mit den ihm fehlenden Vitaminen, Mineralstoffen und Spurenelementen gesättigt werden. Ganz besonders wichtig dabei ist die Vermeidung von neuen Reizstoffen bzw. die Elimination der Substanzen, auf die der Neurodermitiker mit seinen Hauterscheinungen reagiert. Um diese Stoffe herauszufinden, bedarf es einer extrem minutiösen Suchkampagne, die nur durch ein Hand-in-Hand-Arbeiten des gesamten Umfeldes des Erkrankten erreicht werden kann. Durch diese Situation entsteht eine Phase, in der der Erkrankte eine recht spartanische Kost unter Berücksichtigung der Elimination sämtlicher Substanzen, die bei ihm als Allergene wirken, erhält.

Frau Inge Grieser hat mit ihrem Kochbuch eine sehr wichtige Hilfe, nicht nur für die Eltern von Neurodermitikern zusammengestellt, in dem gezeigt wird, wie man trotz eines doch sehr reduzierten Spektrums von Speisen noch sehr geschmackvolle Gerichte zubereiten kann. Trotzdem sind wir weiter aufgefordert, durch ein intensives »Detektivspiel« auf die individuelle Antwort des einzelnen zu achten und die Rezepte dementsprechend zu modifizieren.

So wie sich in der Familie von Frau Grieser und deren Umfeld bereits ein äußerst positives Echo auf die hervorragenden Rezepte gezeigt hat, möge diese Veröffentlichung eine weitere Hilfe für viele Kranke werden.

Dr. D. Huber-Petersen
Arzt Naturheilverfahren

Vorwort der Autorin

Was bewog uns zu einer Ernährungsumstellung?

Unser Sohn Bernhard erkrankte ab der sechsten Lebenswoche an Neurodermitis, die im Alter von drei Monaten wieder zum Stillstand kam, was ich auf das achtmonatige Stillen zurückführe. Ab dem zweiten Lebensjahr stellten sich bei ihm Nahrungsmittelallergien ein, das heißt, er reagierte auf Zitrusfrüchte, Zucker, Nüsse, Farb- und Konservierungsstoffe, indem er Ekzeme hinter den Ohren bekam. Wir verzichteten sodann auf diese Nahrungsmittel bzw. Zusatzstoffe, und er wurde wieder erscheinungsfrei. Mit $5^3/_4$ Jahren erlitt er seinen ersten Asthmaanfall, dem ein Klinikaufenthalt folgte. Drei Monate danach war seine Lunge wieder voll funktionsfähig, wir verzichteten allerdings ganz auf Kuhmilch und deren Produkte (außer Sauerrahmbutter, Crème fraîche und Sahne) sowie auf Hühnereiweiß.

Bei unserem zweiten Sohn, Maximilian, stellte sich ebenfalls ab der sechsten Lebenswoche Neurodermitis ein. Aus gesundheitlichen Gründe konnte ich nur knapp drei Monate stillen, danach wurde er mit Humana-SL bzw. Sojamilch und Holle-Getreidebrei ernährt. Mit der Breikost begann ich nach dem Rotationsprinzip und konnte so von Anfang an sehr gut feststellen, worauf er reagierte (innerhalb von 10 Minuten bis 2 Stunden nach dem Verzehr). Mit circa $1^1/_2$ Jahren war er erscheinungsfrei. Mit $2^1/_4$ Jah-

ren kamen ein allergischer Schnupfen und eine allergische Binde-
hautentzündung hinzu. Diese Symptome hängen stark mit dem
Pollenflug bestimmter Bäume und Gräser zusammen und mit
Nahrungsmitteln wie Roggen, Milch- und Milchprodukte.

Das konsequente Vermeiden unverträglicher Nahrungsmittel in
Verbindung mit einer homöopathischen Behandlung haben dazu
geführt, daß unsere Kinder symptomfrei wurden. Aus eigener Erfahrung und aus vielen Gesprächen mit Betroffenen in der Selbst-
hilfegruppe und in meinen Kochkursen gewann ich die Überzeu-
gung, daß eine erfolgreiche Ernährungsumstellung nur dann ge-
lingt, wenn die ganze Familie mithilft. Dies ist aber wiederum nur
möglich, wenn die Gerichte auch für die »Normalesser« schmackhaft und ansprechend sind und nicht nur gesund! Deshalb meine
persönliche Empfehlung: Bereiten Sie die Gerichte nicht nur im
Bewußtsein zu, Ihre Kinder gesund zu ernähren, sondern versu-
chen Sie, die Speisen individuell abzuwandeln und beliebte Gau-
menfreuden für die Neurodermitiker bereitzuhalten, so z.B. al-
ternatives Tomatenketchup, verträgliches Eis oder Kuchenstücke.
Rezepte hierzu finden Sie in diesem Buch. Mit dieser Methode haben Sie zwar einen Mehraufwand an Zeit und Arbeit, aber Ihre Kinder fühlen sich nicht in eine Außenseiterposition gedrängt.

Oft werde ich von Müttern mit der Frage konfrontiert: »Was gebe
ich meinem Säugling, wenn ich nicht stille?« Prinzipiell sollte
man im ersten Lebensjahr keine Kuhmilch geben. Ersatz hierfür
wäre die Säuglingsnahrung auf hypoallergener (HA) Basis oder
Sojamilch, Ziegenmilch mit Reisschleim gekocht bzw. später dann
mit Getreidebrei (z.B. von der Firma Holle) zubereitet. Verträgt
der Säugling keine Sojamilch, kann man auch sehr gut Mandelmilch geben.

Als Beikost eignen sich selbstpürierte Gemüsebreie (beispielswei-
se aus 2 Teilen Kartoffeln, Reis, Nudeln o.ä., 1 Teil Gemüse, etwas
Sauerrahmbutter oder kaltgepreßtem Olivenöl und sehr wenig
Vollmeersalz) und zur Obstmahlzeit selbstgemachte Pürees aus
Banane, Birne oder einem süßen Apfel, eventuell mit Zwieback

(ohne Zucker!) und Mineralwasser vermischt. Probieren Sie nicht zuviele Nahrungsmittel auf einmal aus. Es schadet nicht, wenn Ihr Kind in der Anfangszeit drei bis fünf Tage dasselbe Gericht als Beikost bekommt. Als Getränk reicht stilles Mineralwasser oder reizarmer, ungesüßter Tee.

Informationen zur richtigen Ernährung

von Dr. Ursula Schörner-Grätz

Gesund und vollwertig essen und trinken

Es ist unbestritten, daß in den Industrienationen zahlreiche Gesundheitsstörungen durch eine Fehlernährung bedingt sind. Trotz oder wegen des ungeheuer reichhaltigen Angebotes an Nahrungsmitteln fällt es vielen Menschen schwer, eine gesunde und ausgewogene Speisenauswahl zu treffen. Eine vernünftige Ernährung ist jedoch Voraussetzung für Gesundheit. Die Nahrung liefert uns die nötige Energie und die Bausteine, die der Organismus benötigt, um seine Funktionen zu gewährleisten.

Vom naturwissenschaftlich-analytischen Standpunkt aus gesehen müssen wir Proteine (Eiweiß), Fette und Kohlenhydrate, Mineralstoffe, Vitamine usw. zuführen. Die wenigsten Menschen werden diese Nähr- und Wirkstoffe in entsprechende Nahrungsmittel umsetzen können. Deshalb soll die Ernährung von der naturwissenschaftlich-ganzheitlichen Seite her betrachtet werden. Alle Nahrungsmittel werden in Gruppen untergliedert. Nicht einzelne Inhaltsstoffe, sondern »ganze« Lebensmittel werden empfohlen. Selbstverständlich wird dann auf die Inhaltsstoffe der jeweiligen Nahrungsmittelgruppe eingegangen, um ihre Bedeutung für den Organismus herauszustreichen.

»Die Nahrung sollte so natürlich wie möglich sein!«

Der Vollwertbegriff von Kollath[2] soll der zentrale Aufhänger für die folgenden Ausführungen sein.

Je naturbelassener, je weniger be- oder verarbeitet ein Lebensmittel ist (haushaltstechnische Verarbeitung, technologische Verfahren der Nahrungsmittelindustrie), um so mehr Nähr- und Wirkstoffe sind darin enthalten. Dies bedeutet selbstverständlich nicht, daß alles roh gegessen werden muß. Hülsenfrüchte z.B. müssen erhitzt werden, damit sie für den menschlichen Verzehr geeignet sind. Eine *übertriebene* Be- und Verarbeitung der Lebensmittel soll vermieden werden, ebenso wie Lebensmittelzusatzstoffe (Farbstoffe, Geschmacksverstärker, Emulgatoren usw.). Die Vollwerternährung ist eine lactovegetabile Ernährungsweise. Sie besteht zum überwiegenden Teil aus pflanzlichen Lebensmitteln (Getreideprodukten, Kartoffeln, Gemüse, Hülsenfrüchten und Obst) sowie Milch und Milchprodukten. Fleisch und Eier spielen eine untergeordnete Rolle. Die Hälfte der Lebensmittel sollte als Frischkost verzehrt werden.

Berücksichtigt man ernährungsphysiologische Gesichtspunkte und den Grad der Verarbeitung/Naturbelassenheit kann folgende Wertung vorgenommen werden:[4]

I   BESONDERS EMPFEHLENSWERT sind frische, unveränderte Lebensmittel. Selbstverständlich dürfen die Lebensmittel gewaschen (frisches Obst und unbearbeitetes Gemüse), entspelzt (Getreide) oder geschält sein (Nüsse, Südfrüchte). Vorzugsmilch, Milch von mikrobiologisch besonders überwachten Höfen ist auch besonders empfehlenswert.

II SEHR EMPFEHLENSWERT sind Lebensmittel, die mechanisch verändert sind durch • Schneiden, Mahlen, Schroten (z.B. Vollkornschrot und -mehl, zerkleinertes frisches Obst und Gemüse); • Pressen (kaltgepreßte Öle, frische Säfte); • Vergären, Fermentieren (z.B. Sauerkraut, aus Rohmilch herge-stellte Produkte); • Lufttrocknen.

III EMPFEHLENSWERT sind erhitzte oder tiefgefrorene Le-bensmittel (z.B. Vollkornbrot, Knäckebrot), erhitztes Obst und Gemüse und Säfte daraus, pasteurisierte Milch und dar-aus hergestellte Nahrungsmittel.

IV WENIGER EMPFEHLENSWERT sind verarbeitete, stärker erhitzte Lebensmittel durch Braten, Rösten, Sieben, Ultra-hocherhitzen, Sterilisieren, Konservieren, Färben, Bleichen (Obst- und Gemüsekonserven, Auszugsmehle und Produkte daraus, H-Milch, Fleisch- und Wurstwaren).

V NICHT EMPFEHLENSWERT sind isolierte Lebensmittel (Zucker und Stärke), alle Fertigprodukte (z.B. Kartoffelbrei aus dem Päckchen) und Sterilmilch, Limonade, Colagetränke.

Möglichst täglich sollten Lebensmittel aus den Wertstufen I—III verzehrt werden mit einem hohen Frischkostanteil (I—II). Nur selten oder gelegentlich sollten Nahrungsmittel und Getränke der Stufen IV—V auf dem Speisezettel zu finden sein.

Erläuterung der wichtigsten Lebensmittel-gruppen und ihre Inhaltsstoffe [6]

1. Vollgetreide, -produkte

Das Getreide ist wegen seiner vielfältigen Zusammensetzung ei-nes der wertvollsten Nahrungsmittel. Bis auf Vitamin C und Cal-cium könnte man sich allein von Getreide fast vollwertig ernäh-ren. Die Inhaltsstoffe des Getreidekornes sind ungleichmäßig im ganzen Korn verteilt. Der Mehlkörper enthält hauptsächlich Stärke und das zum Backen wichtige Kleberprotein. Der Keimling ist reich an biologisch hochwertigem Protein, Vitaminen (B_1, B_2), Mineralstoffen, Enzymen und Fett (Linolsäure). In Samenschale, Fruchtschale und Aleuronschicht sind ebenfalls viele Vitamine (A, B_1, B_2), Mineralstoffe (F, Ca, P, Fe), unverdauliche Ballaststoffe und Proteine zu finden. Bei der Herstellung von Auszugsmehlen werden Keimling und Randschichten (= Kleie) entfernt. Übrig bleibt der Mehlkörper, der zu hellen Mehlen vermahlen wird. Somit ist das Getreidekorn zum Kohlenhydrat-Lieferanten degradiert, denn das Klebereiweiß ist ernährungsphysiologisch minderwertig.

Bausteine der Proteine (= Eiweiß) sind die Aminosäuren. Von den insgesamt 22 Aminosäuren sind 8 essentiell, d. h. lebensnotwendig. Der menschliche Organismus kann sie nicht selber herstellen. Diese essentiellen Aminosäuren müssen in einem bestimmten Verhältnis und in bestimmter Menge zueinander in der Nahrung enthalten sein, damit sie optimal vom Organismus eingesetzt werden können. Je ähnlicher das Aminosäuremuster eines Nahrungsmittels dem Körperprotein, um so größer ist die biologische Wertigkeit dieses Nahrungsmittels.

Das Protein aus dem Keimling und aus den Randschichten hat eine höhere physiologische Wertigkeit als das Klebereiweiß. Der Fettanteil im Getreide ist gering. Fett befindet sich vor allem im Keimling und in der Schale. Das Fett besteht zur Hälfte aus der essentiellen Fettsäure Linolsäure und trägt die fettlöslichen Vitamine A und E. Durch niedriges Ausmahlen werden diese Inhaltsstoffe entsprechend reduziert.

Getreide enthält vor allem Vitamine der B-Gruppe (B_1, B_2, B_6) und die fettlöslichen Vitamine A und E. Die niedrige Ausmahlung (Type 405 und 550) bewirkt einen hohen Verlust an Vitaminen. Gerade die B-Vitamine sind wichtig für Eiweiß-, Fett- und Kohlenhydratstoffwechsel und das Nervensystem. Mehr als doppelt so viele Weißmehlsemmeln und damit gleichzeitig ein Vielfaches an Energie müßte man essen, um die in zwei Scheiben Vollkornbrot

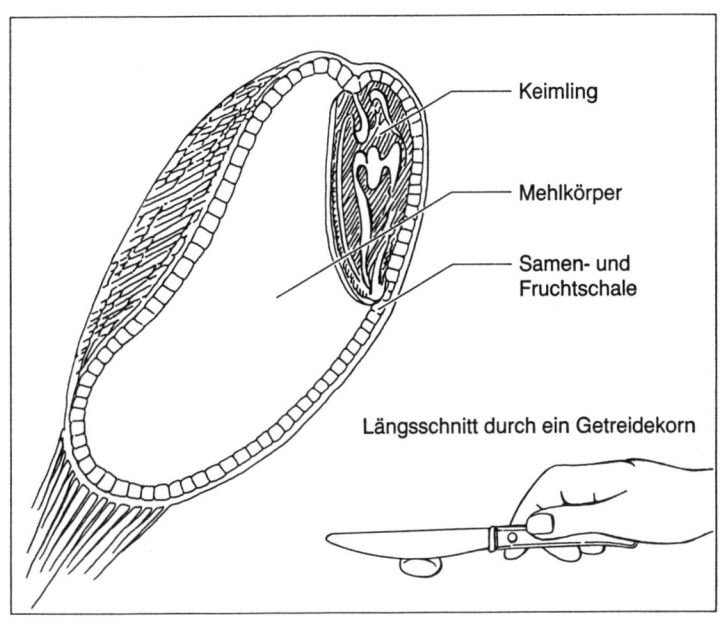

Keimling

Mehlkörper

Samen- und
Fruchtschale

Längsschnitt durch ein Getreidekorn

enthaltenen Mengen an B-Vitaminen und Ballaststoffen aufzunehmen.

Durch den Backprozeß bzw. andere Erhitzungsverfahren werden einige Vitamine zerstört. Folglich wird in der Vollwerternährung der häufige Verzehr eines Frischkornmüslis aus unerhitztem Getreide empfohlen.

Vollgetreide ist auch eine wichtige Mineralstoffquelle (Kalium, Calcium, Phosphor, Eisen (Fe), Magnesium, Kupfer, Mangan, Chrom usw.). Je niedriger der Ausmahlungsgrad, um so größer die Mineralstoffverluste.

Ballaststoffe sind für das menschliche Verdauungssystem unverdauliche Pflanzenbestandteile (Cellulose, Hemicellulosen und Lignine in Getreide und Gemüse, Pektine in Obst).

Teilweise nutzen die Darmbakterien die Ballaststoffe als Nährstoff. Sie haben die wichtige Aufgabe, eine leistungsfähige Infekt-abwehr zu erhalten. Weißes Mehl der Type 405 enthält nur noch 15% der Ballaststoffmenge des ganzen Getreidekorns. Ballaststoff-reiche Lebensmittel müssen länger und gründlicher gekaut wer-den. So werden die Speisen besser verdaut. Durch ihr Quellver-mögen vergrößern sie das Volumen und den Wassergehalt des Spei-sebreies. Der Darm wird zur Sekretion von Verdauungsenzymen und zur Peristaltik (Darmbewegung) angeregt. Die Passagezeit durch den Dickdarm wird normalisiert und die Entleerung des Darms begünstigt. Vor allem Lignine und Pektine können im Dick-darm freie Gallensäuren binden, die dann ausgeschieden werden. Damit baut die Leber mehr Gallensäuren aus Cholesterin auf. Er-höhte Cholesterinwerte werden in Folge einer langsameren kör-pereigenen Neusynthese von Cholesterin gesenkt. Vollkornbrot verursacht aufgrund des Ballaststoffanteils einen langsameren und niedrigeren Blutzuckeranstieg als z.B. Weißbrot. Weniger Insulin wird ausgeschüttet, die Gefahr des Heißhungers wird verringert, der Sättigungseffekt ist dauerhafter. Natürlicherweise im ganzen Lebensmittel enthaltene Ballaststoffe wirken nachhaltiger als iso-lierte, den Speisen beigemengte (z.B. Kleie). In einer gesunden, vollwertigen Ernährung kann auf Vollgetreide nicht verzichtet werden. Der Bedarf an essentiellen Inhaltsstoffen ist mit anderen Lebensmitteln nur schwer zu decken. Bei diesen ist z.B. ein zu ho-her Energiegehalt, ein zu niedriger Ballaststoffanteil und zu gerin-ge Sättigung gegeben.

2. Gemüse, Kartoffeln, Hülsenfrüchte, Obst, Nüsse

Neben Vollgetreide gehören Gemüse und Obst zu einer vollwer-tigen Ernährung. Gerade mit diesen beiden Lebensmittelgruppen ist die Forderung nach einem hohen Rohkostanteil ideal zu erfül-len. Gemüse und Obst sollen abwechslungsreich verzehrt werden, wobei besonders auf das jahreszeitliche Angebot zu achten ist. **Gemüse und Obst** sind Hauptlieferanten für Vitamine, Mineral-

und Ballaststoffe (hohe Nährstoffdichte). Gemüse liefert gleichzeitig auch wenig Energie. Es ist ernährungsphysiologisch wertvoll, weil es kritische Nährstoffe, wie z.b. Folsäure, Vitamin B_2 und C oder Eisen in nicht unerheblichen Mengen enthält. Beim Obst sind es vor allem die Beerenfrüchte (Brombeeren, Johannisbeeren), die einen hohen Vitamin- und Mineralstoffgehalt aufweisen. Obst enthält Fructose und ist damit ein natürliches Süßungsmittel für viele Speisen (z.B. Müsli, Joghurt, Quark usw.). Wird Obst und Gemüse frisch, also roh verzehrt, werden die enthaltenen Inhaltsstoffe praktisch vollständig aufgenommen.

Darüber hinaus gibt es eine Reihe von sekundären Pflanzenstoffen mit antibiotischer Wirkung, die gesundheitsfördernd wirken können, indem sie die Infektabwehr erhöhen. In erster Linie sind dies Aroma-, Duft- und Geschmacksstoffe, die Verdauungsenzyme aktivieren, positiv auf bestimmte Stoffwechselvorgänge wirken (blutfettsenkende Wirkung von Knoblauch) und vieles mehr.

Kartoffeln haben einen hohen Gehalt an Aminosäuren, mehrfach ungesättigten Fettsäuren, Vitamin A, B_1, B_2 und Mineralstoffen, vorausgesetzt sie werden mit der Schale gekocht.

Hülsenfrüchte (Bohnen, Erbsen, Linsen, Sojabohnen) sind die proteinreichsten pflanzlichen Lebensmittel und enthalten viele Vitamine, Mineralstoffe (Vitamin B_1, B_2, B_6, Folsäure, Vitamin E, Eisen) und unverdauliche Pflanzenfasern.

Hülsenfrüchte oder Kartoffeln kombiniert mit Milch, Ei oder Vollgetreide liefern hochwertiges Eiweiß, das wertvoller ist als Fleischeiweiß, wegen der Ergänzungswirkung der enthaltenen Aminosäuren.

Jede Haltbarmachung von Gemüse und Obst setzt den Gehalt an Inhaltsstoffen herab (Ausnahme Milchsäuregärung wie bei Sauerkraut). Beim Trockenobst z.B. wird der Vitamin-C-Gehalt gesenkt oder durch Schwefeln Vitamin B_1 zerstört. Dagegen treten beim Tiefgefrieren nur mäßige Verluste an Vitaminen auf.

Durch **Sprossen und Keime** kann der Speiseplan vor allem in der kalten Jahreszeit, die arm an Frischgemüse ist, sehr gut bereichert werden. Auf kleinstem Raum können zu Hause Körner zum Keimen gebracht werden. Der Keimprozeß erhöht den Anteil an Vitaminen, Mineralstoffen und Spurenelementen beträchtlich. Essentielle Fettsäuren und hochwertiges Protein sind im Keimling vorhanden. Geeignet zum Keimen sind kleine Samen (Hirse, Sesam), Getreide, Sonnenblumenkerne und Hülsenfrüchte.

Fruchtsäfte ohne Zucker- und Wasserzusätze enthalten zwar keine Ballaststoffe mehr, sind aber, falls nicht hitzebehandelt, mit Mineralwasser gemischt, durchaus geeignete Durstlöscher.

Gemüse und Obst, als Frischkost verzehrt, bereichern den täglichen Speiseplan und sorgen für schmackhafte Abwechslung. Kleine Zulagen von **Nüssen** stellen eine wertvolle Ergänzung mit B-Vitaminen, Magnesium und Eisen dar.

3. Fette und Öle

Für die Vollwerternährung wird eine Fettmenge von etwa 1 g/kg Körpergewicht und Tag als ausreichend angesehen. Davon sollte $\frac{1}{3}$ in Form von Streichfett (Butter oder Margarine), $\frac{1}{3}$ als Kochfett (Speiseöl, -fett) und $\frac{1}{3}$ als versteckte Fette aufgenommen werden. Fett ist der Nährstoff mit dem höchsten Energiegehalt. Tierische Fette enthalten Cholesterin als Fettbegleitstoff. Pflanzliche Fette enthalten einen höheren Anteil an essentiellen, ungesättigten Fettsäuren als tierische Fette.

Bei der Fettgewinnung muß man zwischen Kaltpressung und Heißpressung oder Extraktion (Herauslösen von Fett mit einem organischen Lösungsmittel) unterscheiden. Kaltgepreßte, unraffinierte Öle (40 °C) entsprechen in ihrer Zusammensetzung den erntefrischen Ölsaaten und haben einen hohen Anteil an natürlichem Vitamin E (Schutz für ungesättigte Fettsäuren, Vitamin A, Bildung roter Blutzellen, Zellstabilisator). Bei der Heißpressung wird durch Temperaturen bis zu 60 °C die Ölausbeute erhöht. Dabei entstehen gesundheitsschädliche Inhaltsstoffe, die durch Raffination beseitigt werden müssen. Eine noch höhere Fettausbeute ist durch die Extraktion zu erzielen. Anschließend muß durch Erhitzen das Extraktionsmittel aus den Fetten entfernt werden. Auch extrahierte Fette müssen raffiniert werden. Dies hat den Nachteil, daß damit der Gehalt an Vitamin E und Carotinoiden (Vorstufe zu Vitamin A) stark vermindert wird.

Bei der Fetthärtung (aus flüssigem Öl wird streichfähige Margarine) werden erwünschte Fettbegleitstoffe (z.B. Vitamine) zerstört, und ungesättigte Fettsäuren in andere Formen umgewandelt (Transfettsäuren). Damit verliert die Linolsäure ihren essentiellen Charakter und wird wertlos. Die Umesterung soll ebenfalls die Streichfähigkeit der Fette verbessern und stellt wie alle oben genannten Maßnahmen eine starke Verarbeitung der Ölfrüchte dar (Wertskala IV und V). Die Vollwerternährung empfiehlt als Streichfett Butter oder ungehärtete Pflanzenmargarine. Butter enthält viel Vitamin A (Baustein des Sehfarbstoffes, wichtig für Haut und Schleimhäute, Wachstum) und kurz- und mittelkettige Fettsäuren, die zu einer Erhöhung des Cholesterinspiegels im Blut nur unwesentlich beitragen, vorausgesetzt die Gesamtfettaufnahme mit der Nahrung bleibt in Grenzen.

Zur Salatzubereitung sollte ein kaltgepreßtes Öl genommen werden und zum Braten z.B. ungehärtetes Kokosfett. Zum Kochen und Backen eignen sich ebenfalls kaltgepreßte Pflanzenöle (z.B. Olivenöl). Allerdings wird durchs Erhitzen der Anteil der ungesättigten Fettsäuren reduziert.

4. Milch- und Milchprodukte

Milch- und Milchprodukte nehmen in der hauptsächlich pflanzlich orientierten Vollwerternährung einen wichtigen Platz ein. Sie enthalten eine Reihe von Nährstoffen, die für einen ausgewogenen Speiseplan wesentlich sind. Milch ist auch nach dem Wachstumsalter eine günstige Nahrungsquelle für den Menschen. Milch enthält im Durchschnitt 3,3% Eiweiß[5] mit einem hohen Anteil an essentiellen Aminosäuren. Zusammen mit Proteinen pflanzlicher

Lebensmittel (Kartoffeln, Getreide, Hülsenfrüchte) ergeben sich Aminosäuremuster von hoher biologischer Wertigkeit. Die Lactose (Milchzucker) ist in einer Konzentration von durchschnittlich 4,5% enthalten.

Manche Personen entwickeln nach dem Kindesalter eine Lactose-Intoleranz. Auch wenn über einen langen Zeitraum hinweg keine Milch mehr getrunken wird, stellt der Körper die Produktion des Enzyms Lactase (baut Milchzucker ab) ein. Die meisten Europäer vertragen Milch- und Milchprodukte sehr gut.

Lactose kann die Aufnahme von Calcium, Phosphor, Magnesium und einigen essentiellen Spurenelementen begünstigen. Ein Teil der Lactose gelangt in den Dickdarm und wird von den Darmbakterien und anderen zu Milchsäure abgebaut. Diese verursacht ein saures Milieu, das wiederum günstig für die Resorption von Mineralstoffen ist.

In Sauermilcherzeugnissen sind durch die bakterielle Umwandlung von Milchzucker links- (L[−]) und rechtsdrehende (L[+]) Milchsäuren enthalten. Von Natur aus entsteht nur L(+)Milchsäure im menschlichen Körper. Empfehlenswerter sind Sauermilchprodukte mit einem hohen Anteil dieser günstigen Milchsäure.

Der Fettgehalt der Kuhmilch liegt bei etwa 3,9%, wobei der Anteil der ungesättigten Fettsäuren gering ist. Milch enthält viele Vitamine und Mineralstoffe (B_2, B_{12}, Calcium), die für eine ausgewogene Ernährung wichtig sind.

Dem Grundsatz der Naturbelassenheit entspricht Rohmilch. Allerdings sollte sie aus hygienisch streng kontrollierten Viehbeständen stammen (Vorzugsmilch). Falls keine Möglichkeit gegeben ist, entsprechende Rohmilch zu bekommen, kann auf pasteurisierte (für 40 Sekunden auf 70°C erhitzte) Frischmilch ausgewichen werden. Die Erhitzung wirkt sich wertmindernd auf Milchinhaltsstoffe aus (Löslichkeitsverlust der Proteine, Gehalt an Vitaminen und Enzymen sinkt).

Ultrahocherhitzte Milch und Milcherzeugnisse sind nicht empfehlenswert und sterilisierte abzulehnen.

Reine Buttermilch, Sauermilch, Naturjoghurt, Kefir, Quark und aus Rohmilch hergestellte Käsesorten sind besonders wertvoll. Je höher der industrielle Verarbeitungsgrad und je länger die Zutatenliste (Aromastoffe, Farbstoffe, Zuckerersatzstoffe usw.), um so weniger entsprechen solche Nahrungsmittel den Grundsätzen der Vollwerternährung.

5. Fleisch, Fisch, Eier

Diese Lebensmittelgruppe spielt in der Vollwerternährung keine wichtige Rolle. Ein mäßiger Fleischverzehr (1–2mal pro Woche) und 2–3 Eier pro Woche werden akzeptiert. (See-)Fisch wird wegen des Gehaltes an Jod und essentiellen Fettsäuren sogar einmal pro Woche empfohlen.

Fleisch als tierischer Eiweißlieferant enthält zwar eine Reihe erwünschter Begleitstoffe (B-Vitamine, Eisen usw.), doch andererseits auch unerwünschte wie Cholesterin, gesättigte Fettsäuren, Kochsalz (Wurstwaren), Purine (Innereien). Purine werden im Körper zu Harnsäure umgewandelt. Dem Menschen fehlt ein Enyzm, das Harnsäure abbaut. So kann es bei häufigem Fleischverzehr zu erhöhten Harnsäurewerten im Blutserum und damit zur Gicht kommen.

Pflanzliche Lebensmittel haben einen geringeren Gehalt an essentiellen Aminosäuren als tierische, ausgenommen Sojabohne und weiße Bohne. Betrachtet man jedoch die Nährstoffdichte eines Lebensmittels (Gehalt an einem oder mehreren notwendigen Nährstoff/en geteilt durch Energiegehalt des Lebensmittels), dann schneiden pflanzliche Lebensmittel i. D. günstiger ab als tierische. Gerade Fleisch- und Wurstwaren enthalten einen hohen Anteil an versteckten Fetten, was eine niedrige Nährstoffdichte ergibt. Eiweiß aus pflanzlicher Kost (Getreide, Hülsenfrüchte, Kartoffeln) kombiniert mit Milcheiweiß deckt den Eiweißbedarf des menschlichen Körpers voll ab.

Auch einige andere Aspekte sprechen für einen höheren Verbrauch von pflanzlichem Protein. Fleisch aus nicht artgerechter Massentierhaltung enthält oft beträchtliche Mengen an Schadstoffen. Darüber hinaus belasten die anfallenden Güllemengen Boden und Grundwasser mit Nitrat. Der übliche hohe Fleischkonsum ist eine Verschwendung von Energie und Nahrungsprotein, denn um 1 kg Fleischprotein zu erzeugen müssen i.D. 7 kg pflanzliches Protein eingesetzt werden (Getreide, Sojabohnen usw.), das auch direkt der menschlichen Ernährung zugeführt werden könnte.

6. Süßungsmittel, Getränke, Gewürze

Alle isolierten Zucker (weißer Zucker und brauner Zucker) sind chemisch reine Substanzen, z.B. Saccharose, die aus dem natürlichen Lebensmittel (Zuckerrübe, Zuckerrohr) durch Entfernung aller anderen Inhaltsstoffe gewonnen werden. Diese Zucker sind sogenannte »leere Kalorienträger« mit einer Nährstoffdichte von Null.

In der Vollwerternährung werden isolierte Zucker nicht empfohlen. Zum Süßen geeignet sind süße Obstsorten, eingeweichtes Trockenobst, kaltgeschleuderter Honig, Apfel- und Birnendicksaft. Mit allen Süßungsmitteln sollte maßvoll umgegangen werden, weil ihre negativen Auswirkungen auf die Zähne mit denen des Zuckers vergleichbar sind.

Speisen aus Vollgetreide werden häufig dann nicht vertragen, wenn gleichzeitig weißer Haushaltszucker verwendet wird. Die Darmbakterien vergären den Zucker unter Gasbildung, was zu unangenehmen Blähungen führen kann. Bei der Umstellung auf Vollkorn ist stets auf ausreichende Flüssigkeitszufuhr zu achten. Ballaststoffe müssen quellen können, sonst können Verstopfung oder Darmverschluß die Folge sein.

Durst wird am besten mit Wasser, Mineralwasser, ungesüßten Früchte- und Kräutertees gelöscht. Kaffee, Tee, Bier und Wein können in Maßen getrunken werden.

Die meisten frischen Kräuter enthalten viele Vitamine und Mine-

Der Ernährungskreis

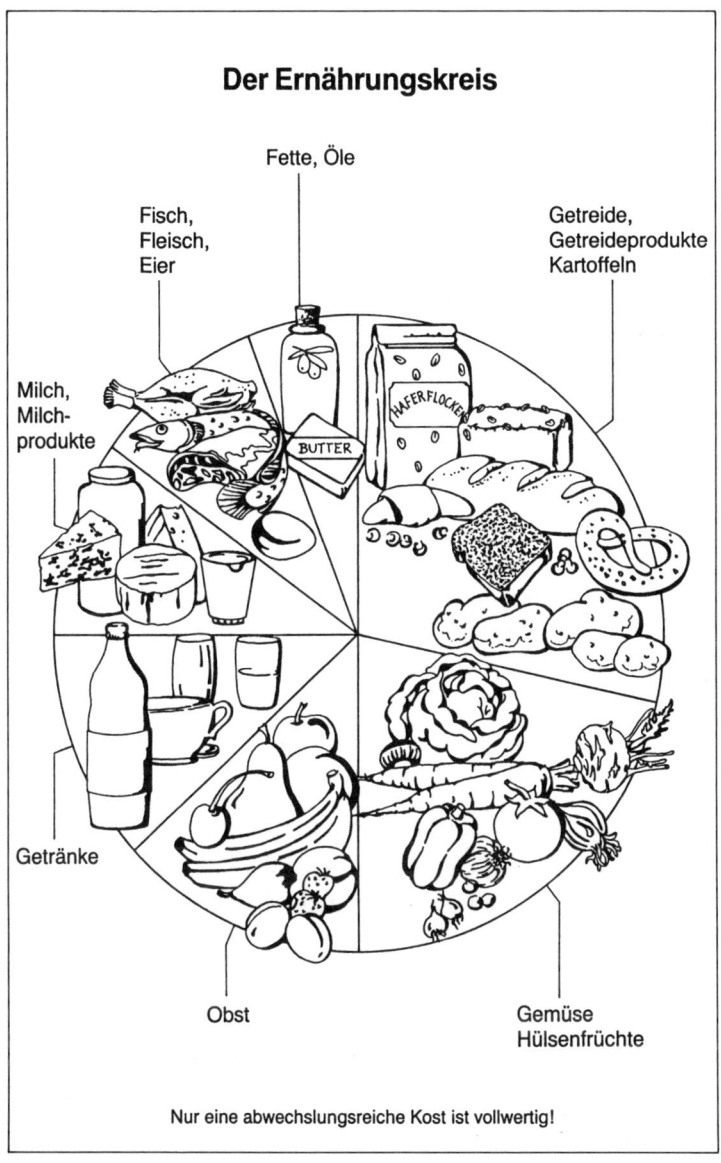

Fette, Öle

Fisch,
Fleisch,
Eier

Getreide,
Getreideprodukte
Kartoffeln

Milch,
Milch-
produkte

Getränke

Obst

Gemüse
Hülsenfrüchte

Nur eine abwechslungsreiche Kost ist vollwertig!

29

ralstoffe und machen zusammen mit Gewürzen die Speisen schmackhaft. Kochsalz ist äußerst sparsam einzusetzen! Zusammenfassend ist zu sagen, daß Vollwerternährung eine übertriebene Be- und Verarbeitung der Lebensmittel, sowie den Einsatz jeglicher Zusatzstoffe ablehnt. Sie besteht aus überwiegend pflanzlichen Lebensmitteln (Vollgetreide, Gemüse, Obst), möglichst aus kontrolliertem Anbau, und Milch- und Milchprodukten. Die Lebensmittel sollten zur Hälfte als Frischkost verzehrt werden. Fleisch und Eier können in geringen Mengen enthalten sein.

Neurodermitis und Vollwerternährung

Definition

Der Begriff »Neurodermitis« wurde 1891 von dem französischen Dermatologen Brocq geprägt. Er beschrieb damit eine entzündliche Hauterkrankung, die durch das Nervensystem beeinflußt wird. Auch Bezeichnungen wie *atopisches* oder *endogenes Ekzem* sind gebräuchlich. Die Neurodermitis ist eine atopische Erkrankung. Ein atopischer Mensch reagiert auf viele Einflüsse eben anders (= atopisch), empfindlicher als der normale Mensch. Neurodermitis selbst ist keine Allergie. Aufgrund seiner empfindlichen Disposition besteht beim Atopiker aber die Neigung, auf die verschiedensten Stoffe allergisch zu reagieren. Dies wird sichtbar an der Haut in Form eines juckenden Ekzems. Die Ursachen dafür liegen im ganzen Menschen begründet.

Begriffsbestimmung Allergie

Eine Allergie ist eine Überreaktion des Abwehrsystems auf normalerweise nicht schädliche Stoffe. Allergieauslöser werden Allergene genannt. Immunologische Mechanismen sind die Ursache für Nahrungsmittelallergien. Am Anfang steht die Sensibilisierung des Organismus gegen einen oder mehrere Stoffe. Besonders häufig sind davon Atopiker betroffen.

Kommt es zum ersten Allergenkontakt, produzieren die sogenannten Plasmazellen IgE-Antikörper. Diese binden sich an bestimmte Zellen, z.B. Gewerbemastzellen (= Sensibilisierung). Wird das Allergen wieder zugeführt, bildet sich ein Antigen-IgE-Antikörperkomplex, und in Folge werden hochaktive biologische Substanzen wie z.B. Histamin freigesetzt. Betroffen sind besonders die Organe, die über Abwehrzellen verfügen, z.B. die Haut, die Schleimhäute der Atemwege und des Verdauungstraktes. Gerade bei Neurodermitikern findet man häufig erhöhte IgE-Werte und eine erniedrigte Anzahl an Immunglobulin A, das speziell die Schleimhäute vor Infekten schützt.

Ursachen

Schätzungsweise 10% aller jungen Menschen leiden an dieser Erkrankung. Auffallend ist, daß in fast 70% der Fälle eine atopische Genese vorliegt[3], das heißt Familienangehörige leiden an einer Allergie. Zusätzlich kann bei vielen Patienten allergisches Asthma bronchiale oder Rhinitis vorkommen, ebenso wie Pollenallergie oder Kontaktallergie.

Ursache und Pathogenese der Neurodermitis sind ziemlich ungeklärt. Einiges deutet auf ein Zusammenspiel immunologischer und nicht immunologischer Faktoren hin. Neben der genetischen Veranlagung können folgende Faktoren einen Einfluß haben:

- trockene Haut und geminderte Barrierefunktion der Haut
- gestörte Immunfunktionen
- Umweltfaktoren
- psychologische Faktoren
- Ernährung

Diese zahlreichen Einflußgrößen erfordern eine komplexe Therapie in Abhängigkeit von den individuellen Symptomen. Der Neurodermitiker als Ganzes muß behandelt werden.

Nahrungsallergene und Ernährung

Ernährungswissenschaftler und Mediziner bewerten eine Ernährungstherapie unterschiedlich. Doch gerade weil viele Neurodermitiker durch eine Karenzkost (weglassen, was Allergien verursacht) zu einer deutlichen Besserung bis Heilung des Hautzustandes kommen, soll nun auf die diätetischen Maßnahmen bei Neurodermitis eingegangen werden.

Die eingangs beschriebene vollwertige Ernährung stellt eine wichtige Voraussetzung für die Gesundheit und körpereigene Abwehrkraft dar. Beim Neurodermitiker sind dabei einige Einschränkungen zu machen. Grundsätzlich kommen beim Neurodermitis-Patienten alle Nahrungsmittel als Allergene in Frage. Erfahrungsgemäß treten allergische Reaktionen jedoch gehäuft bei folgenden Nahrungsmitteln auf:

• Milch- und Milchprodukte
• Eier
• Nüsse
• Zitrusfrüchte
• Zucker und Süßigkeiten

Welche Nahrungsmittel vom Neurodermitiker individuell nicht vertragen werden, muß durch eine vorangegangene, exakte Diagnostik in Erfahrung gebracht werden (Hautsymptome, Blutuntersuchung, gründliche Befragung des Patienten bezüglich empfindlicher oder allergischer Reaktionen, Haut- und Bluttests, Rotationsdiäten, Provokationsdiäten).

Milch und Milchprodukte

Kuhmilch enthält mehr als vierzig verschiedene Proteine. Immunreaktionen treten vor allem gegen Caseine und Molkenproteine auf.

Casein ist nicht artspezifisch, d.h. kommt auch in Ziegen- und Schafsmilch vor. Auch gegen diese Milcharten kann deshalb sensibel reagiert werden. Darüber hinaus ist Casein hitzestabil, so daß auch auf Milchprodukte (z.B. Käse) allergisch reagiert werden kann. Caseinallergiker vertragen auch keine gekochte Milch.

Molkenprotein β-**Lactoglobulin** ist wenig hitzestabil und artspezifisch (Sensibilisierung gegen Rind- und Kalbfleisch möglich). Es gilt als Hauptallergen der Kuhmilch, weil es durch eiweißspaltende Enzyme im Magen-Darm-Trakt kaum zerstört wird.

Molkenprotein α-**Lactoalbumin** ist ebenfalls hitzeempfindlich und artspezifisch. Unter Umständen vertragen α-Lactoalbumin-Allergiker erhitzte Kuhmilch oder auch gesäuerte Milchprodukte wie Quark und Joghurt, vorausgesetzt, sie stehen nicht täglich auf dem Speiseplan.

Rohe Kuhmilch enthält 0,51 g/100 g Albumin und Globulin und 2,66 g/100 g Casein[5]. Ziegenmilch enthält weder Albumin noch Globulin und 2,9 g/100 g Casein und dient dem Neurodermitiker sehr häufig als Ersatz für Milch.

Schafkäse ist oft mit Kuhmilch hergestellt und kann dann allergische Reaktionen auslösen. Butter enthält nur Spuren von Milcheiweiß, deshalb wird Sauerrahmbutter in der Regel vertragen. Margarine wird gerne mit Milchzusatz hergestellt. Viele Fertigprodukte enthalten Milch als Bindemittel, z.B. Puddings, Saucen. Auf der Zutatenliste ist auf Bezeichnungen wie aufgeschlossenes Milcheiweiß, Molke, Molkenproteine, Casein, Caseinat zu achten. Unverpackte Produkte, wie Back- und Fleischwaren sind nicht deklarationspflichtig.

Besteht in einer Familie eine Allergiedisposition, sollten Neugeborene unbedingt mindestens sechs Monate ohne Beikost gestillt werden. Die Neugeborenenzeit ist besonders empfänglich für Allergien. Die Darmschleimhaut ist nach der Geburt durchlässig für vielerlei Nahrungsbestandteile. Muttermilch enthält praktisch kein artfremdes Eiweiß und zusätzlich Immunglobulin A, einen Schleimhautschutzfaktor, der antigenes Eiweiß neutralisieren kann. Gestillte Säuglinge saugen mit der Muttermilch quasi mütterliches Immunsystem auf. Sollte ein Säugling trotz Stillens eine Allergie entwickeln, ist ratsam, daß die Mutter das verdächtige Allergen, meist Kuhmilch, auch aus ihrer Nahrung wegläßt.

Mit der Getreide-Ernährung sollte erst nach dem 6. Lebensmonat angefangen werden (z.B. Frischkornbreie), weil es sonst zur Glutenunverträglichkeit kommen kann (Zöliakie). Gluten ist das Klebereiweiß und kommt in Weizen, Roggen, Hafer und Gerste vor.

Hühnereier

Das Eiklar enthält einige allergen wirkende Proteine (Ovomucoid und Ovalbumin). Falls auf Eigelb reagiert wird, kann eine Verunreinigung des Dotters mit Eiklar die Ursache sein. Hühnerfleisch wird in der Regel vertragen. Manche Medikamente bzw. Impfstoffe sind auf Hühnerei oder Hühnerembryonen gezogen. Vorsicht ist bei folgenden Impfungen geboten: FSME (Frühsommermeningoenzephalitis), Gelbfieber, Grippe, Masern, Mumps, Röteln, Tollwut. Während eines akuten Neurodermitisschubes sollten keine Impfungen durchgeführt werden. Impfungen gegen Diphtherie, Kinderlähmung, Tuberkulose und Tetanus werden normalerweise gut vertragen. Die Keuchhusten-Impfung steht im Verdacht, daß sie zum Ausbruch einer atopischen Erkrankung beiträgt. Eine Reihe von Zusatzstoffen im Impfmaterial (Neomycin, Streptomycin) können ebenfalls allergische Reaktionen nach sich ziehen.

Nüsse

Eiweiß aus Hasel-, Wal- und Paranüssen kann über Immunglobulin E Allergien verursachen. Oft ist gleichzeitig eine Allergie auf Baumpollen zu finden. In vielen Fertigprodukten sind versteckte Nußbeimischungen enthalten. Deshalb sollte gemäß dem Grundsatz der Vollwerternährung auf Fertigwaren verzichtet werden. Auch sämtliche Lebensmittelzusatzstoffe, abzulesen an den E-Nummern der Zutatenliste auf Lebensmitteln, sind für Personen, die zu Allergien neigen, abzulehnen.

Zitrusfrüchte

Zitrusfrüchte und Nahrungsmittel mit einem hohen Gehalt an Fruchtsäuren wirken gerade auch wegen der empfindlichen Haut des Neurodermitikers ekzemverstärkend. Darum handelt es sich wahrscheinlich nicht um »echte« Allergien, bei denen das Immunsystem mit Antigen/Antikörperreaktionen eingeschaltet wird. Vielmehr sind es allergieähnliche Reaktionen, die z.B. eine Hautreaktion auslösen (sogenannte Pseudo-Allergien, die eine Histaminausschüttung aus den Mastzellen auslösen). Das wirksame Allergen wirkt unmittelbar ohne Sensibilisierungsphase. Entscheidend ist dabei Menge und Konzentration der z.B. auslösenden Zitronensäure. Der Patient sollte auf andere Obstsorten ausweichen. Manchmal hilft es schon, das Obst zu schälen. Neben dem Säuregehalt des Lebensmittels ist auch seine Fähigkeit, im Stoffwechsel Säuren zu bilden, ausschlaggebend. Vor allem proteinreiche Lebensmittel tierischen Ursprungs, wie Fleisch, Wurstwaren, Eier, Käse, zuckerhaltige Nahrungsmittel und Kaffee, spielen bei der Übersäuerung des Körpers eine Rolle.

Zucker und Süßigkeiten

Bei der Unverträglichkeit gegenüber Süßigkeiten und Zucker kann eine Pseudo-Allergie gegen Farbstoffe oder eine gestörte

Darmflora die Ursache sein. Pathogene Batterien und Pilze können im Darm die Oberhand gewinnen. Dadurch wird zu wenig Disaccharidase (zuckerspaltendes Enzym) ausgeschüttet. Lactose (Milchzucker) und andere Zuckerarten können nicht gespalten werden. Pathogene Keime verstoffwechseln ungespaltene Zucker und vermehren sich. Im Provokationstest mit Lactose oder Saccharose (Haushaltszucker) ist bei Neurodermitikern eine vermehrte Histaminfreisetzung festzustellen. Dies wiederum kann pseudoallergische Reaktionen hervorrufen. Allerdings ist der weiße Haushaltszucker ein isoliertes Nahrungsmittel, das in der Vollwerternährung keine Verwendung finden sollte.

Überhaupt reagiert ein atopischer Mensch auf aminreiche Nahrungsmittel (z.B. reifer Käse, wie Emmentaler oder Roquefort, Fisch, Sauerkraut, Hefeextrakt, Rotwein). Verantwortlich ist ein Mangel an dem Enzym, das biogene Amine im Körper abbaut.

Maskierte Nahrungsmittelallergie

Häufig gegessene Nahrungsmittel können auch eine Allergie unterhalten. »Maskierte« Nahrungsmittelallergien verhindern das Ausmachen des Allergens. Hohe Dosen des Allergens führen zu Krankheitssymptomen, werden aber von niedrigen Dosen des Allergens, die sich vom Tag vorher noch im Körper befinden, gelöscht. Je nachdem, ob gerade gelöscht oder aktiviert wird, hat der Patient mehr oder weniger Beschwerden. Gerade im Zusammenhang mit Pseudo-Allergien gesehen, sind solche Mechanismen nur schwer aufzudecken. Rotationsdiäten sollen helfen, solche Unverträglichkeiten zu erkennen. Jedes Nahrungsmittel wird nur einmal alle 4–5 Tage gegessen.

Gamma-Linolensäure

Bei einem Teil der Neurodermitiker fand man im Blut eine zu geringe Menge an der dreifach ungesättigten Fettsäure Gamma-Linolensäure. Ursache dafür kann ein angeborener Enzymmangel oder ein Enzymdefekt sein. Gamma-Linolensäure kommt im Nachtkerzenöl oder im Samenöl der schwarzen Johannisbeere vor. Auch Frauenmilch enthält diese Fettsäure.

Die untersuchten Neurodermitiker erhielten Gamma-Linolensäure, und nach vier bis zwölf Wochen besserte sich der Hautzustand deutlich. Mehrfach ungesättigte Fettsäuren sind Bestandteil von Membranen und damit auch an der Haut wirksam[3].

Vitamine und Spurenelemente

Im Rahmen der Ernährungstherapie sollten gezielt Lebensmittel eingesetzt werden, die das **Immunsystem stärkende Wirkstoffe**[1] enthalten: fettlösliche Vitamine A und E
wasserlösliche Vitamine B_6 und C
Zink und Selen.

Vitamin A (= Retinol) ist unter anderem für den Aufbau und die Funktionserhaltung von Haut und Schleimhäuten sowie für die ausreichende Bildung von Immunglobulin A verantwortlich. Retinol kommt vor allem in tierischen Nahrungsmitteln vor, die Vorstufe ß-Carotin in vielen Pflanzen, wie z.B. in gelbrotem Gemüse und Obst, in Blättern grüner Gemüse, in Getreide (Mais, Weizen) und Butter.

Vitamin E (= Tocopherol) ist ein natürliches Antioxidationsmittel, stärkt unter anderem die Widerstandskraft gegen Infektionen und ist aktiver Zellschutzstoff. Vitamin E ist in Vollgetreide, Samen, Sojabohnen und daraus hergestellten Ölen reichlich enthalten. Bei einer vollwertigen Ernährung kommt es zu keiner Unterversorgung.

Vitamin B$_6$ ist von zentraler Bedeutung im Immunsystem. Beim Kochen geht ein Teil des Vitamins verloren, deshalb sollte täglich unverarbeitete, naturbelassene Fischkost gegessen werden. Vitamin B$_6$ ist in Fisch, Vollkorngetreide, Kartoffeln, Gemüse (Rosen-, Blumenkohl, Spinat) und Obst (Holunderbeeren, Avocado) enthalten.

Vitamin C stärkt die körpereigenen Abwehrkräfte, die Produktion von Immunglobulinen u. v. a. m. Nur pflanzliche Lebensmittel kommen zur Deckung des Vitamin-C-Bedarfs in Frage. Gute Lieferanten sind Obst (Hagebutten, Sanddornbeeren, Kiwi, schwarze Johannisbeeren), Gemüse (Paprika, Rosen-, Blumen-, Grünkohl, Petersilie) und Kartoffeln.

Zink ist wichtiger Bestandteil von Enzymsystemen und hauptsächlich am Immunsystem beteiligt. Zinkhaltige Lebensmittel sind Rindfleisch, Thunfisch, Hülsenfrüchte (Erbsen, weiße Bohnen), Vollkorngetreide und -produkte.

Selen schützt die Zellen vor Oxidation. Eiweißarme Lebensmittel sind gleichzeitig selenarm. Fische, Getreide und Nüsse haben hohe bis mittlere Selengehalte.

»So allergenarm wie nötig und so vollwertig wie möglich«

Aus den vorangegangenen Ausführungen wird ersichtlich, daß die eingangs vorgestellte Vollwerternährung nur teilweise auf den Neurodermitiker übertragen werden kann. Die Forderung nach naturbelassenen Lebensmitteln kann beim Atopiker zu allergischen Reaktionen führen. Je naturbelassener ein Lebensmittel, um so höher ist seine allergene Potenz. Falls frische Getreidezubereitungen nicht vertragen werden, muß erhitzte Kost ausprobiert werden, z. B. Getreidebrei, Brot. Auch gedünstetes (für 2 Minuten) oder eingefrorenes (für 2 Wochen) Obst und Gemüse ist unter Umständen verträglicher als Frischkost. Deshalb muß der Satz von Kollath für den Neurodermitis-Patienten abgewandelt werden: »Die Nahrung sollte so allergenarm wie nötig und so vollwertig wie möglich sein!« In der Form ist eine individuell abgestimmte, »modifizierte« Vollwerternährung zu praktizieren.

Besondere Empfehlungen zur vollwertigen Ernährung bei Neurodermitis

Alternativen zu bestimmten Grundnahrungsmitteln und Tips für den Einkauf

Was sollte nun aus der Küche entfernt werden?

1. Zucker jeglicher Art: Achten Sie auf Bezeichnungen wie Saccharose, Glucose, Malz-, Milch-, Fruchtzucker; brauner Zucker ist gefärbter Industriezucker!

Als Alternativen bieten sich an: Honig (Akazienhong), hier allerdings Vorsicht bei Pollenallergikern! Birnen- und Apfeldicksäfte, Ahornsirup, Canderel-Süßstoff in Tablettenform (gibt es auch in Pulverform, hier ist jedoch Maltodextrin enthalten). In geringen Mengen kann man auch Diabetikerzucker Sionon oder Stute-Diät (Aldi) verwenden, dieser enthält den Zuckeraustausstoff Sorbit, welcher aus Maisstärke gewonnen wird. Zum Kuchen- oder Plätzchenbacken eignet sich auch sehr gut Apfel-Birnen-Kraut. Wenn Sie einen Hefeteig zubereiten und als Süßungsmittel Birnendicksaft verwenden, kann es passieren, daß der Hefeteig bei zu langer Gehzeit stärker gärt. Um dem abzuhelfen, geben Sie den Birnendicksaft kurz vor der Verarbeitung hinzu oder Sie verwenden Diätzucker.

2. Weißmehl: Es enthält nichts mehr, was für den Körper von Bedeutung wäre. Es handelt sich wie bei Zucker um ein reines *Iso-*

lat! Zur Umgewöhnung eignet sich Hirsemehl sehr gut. Man kann anfangs noch mischen, wenn die Umstellung zu schwer fällt. Es sollte selbstverständlich sein, daß man möglichst frisch gemahlenes Mehl verwendet. Naturkostläden und Reformhäuser bieten diesen Service an. Vielleicht legen Sie sich aber auch eine Getreidemühle zu? Vollkornmehl aus dem Supermarkt ist übrigens fast genauso wertlos wie Weißmehl, da es zur Haltbarmachung erhitzt wird und somit wertvolle Inhaltsstoffe zerstört werden. Überhaupt sollten Sie sich immer einen kleinen Getreidevorrat halten, wenn Sie genug Platz zur Lagerung haben. Weizen, Dinkel, Roggen, Grünkern, Hafer, Hirse, Reis und Buchweizen sind die am häufigsten gebrauchten Getreidesorten.

3. Während der Umstellungszeit muß man auf Milch- und Milchprodukte, Eier, Fleisch, Geflügel, Fisch, Wurstwaren, Zitrusfrüchte, Nüsse verzichten. Zu einem späteren Zeitpunkt, wenn die Haut in einem kontrollierbaren Zustand ist, kann man das eine oder andere Lebensmittel in einer kleinen Menge wieder ausprobieren. Häufig werden dann Eigelb, Joghurt, Sahnequark, Putenfleisch, Lammfleisch, Rindfleisch in geringer Menge vertragen. Bitte kaufen Sie auch keine fettarmen, sogenannten »leichten« Joghurts oder Quarkmischungen, denn diese Produkte enthalten mehr Eiweiß und werden zudem oft mit Zusatzstoffen wie Speisegelatine, modifizierte Stärke (= phosphathaltiger Stoff zum Schäumen, Lockern) oder ähnlichem versehen. Bei Fleisch- und Wurstwaren sollten Sie sich nach einem vertrauenswürdigen Metzger umsehen, denn gerade hier werden häufig unverträgliche Zusatzstoffe beigemengt, zum Beispiel Nitritpökelsalz, Gewürzmischungen, Milcheiweiß und dergleichen mehr.

Weitere Empfehlungen:

Fette: kaltgepreßte Öle (Sonnenblumenöl, Maiskeimöl, Distelöl), Sauerrahmbutter, Butterschmalz, Reformhausmargarine, zum Beispiel Deli-Reform oder Vitaquell (enthält allerdings Zitronensäure), ungehärtetes Kokosfett zum Braten. Der Eiweißgehalt in der Butter beträgt nur geringe 0,5 bis 0,7%.

Essig: Obst- oder Apfelessig; bei letzterem jedoch Vorsicht im Fall einer Hefeallergie! Man kann auch verdünnte Essigessenz verwenden, zum Beispiel zum Einmachen von Gewürzgurken.

Geliermittel: Agar-Agar, Fruchtgel, »Konfigel« für Grützen und Marmeladen.

Bindemittel/Ei-Ersatz: Biobin der Firma Tartex aus Johannisbrotkernmehl (es eignet sich auch zum Binden kalter Speisen), Pfeilwurzelmehl, Hartweizen- und Buchweizenmehl. Sojamehl oder Lecithinpulver (Reformhaus) kann man bei Verträglichkeit direkt anstatt Eiern nehmen. *Als Faustregel gilt:* 1 gehäufter EL Sojamehl mit etwas Wasser verrührt ersetzt 1 Ei. Zur Teiglockerung nimmt man kohlensäurehaltiges Mineralwasser, das man zuletzt unterrührt oder Weinsteinbackpulver.

Milchersatz: Kuhmilch läßt sich durch Ziegen-, Schaf- und Sojamilch ersetzen. Ebenso durch Mandelmilch (10 Gramm Mandelmus auf 100 ml Wasser mit 1 zerdrückten Banane pürieren), die speziell für Säuglinge und Kleinkinder gedacht ist, Sahne-Wasser-Gemisch (1 Teil Sahne auf 3–5 Teile Wasser) oder Getreidemilch. Aus Ziegen-, Schaf- und Sojamilch können Sie sehr gut Joghurts herstellen. Die speziellen Joghurtfermente erhalten Sie im Naturkostladen oder Reformhaus. Anstatt Quark nehmen Sie Sojaquark (Tofu oder Seidentofu). Probieren Sie einfach verschiedene Möglichkeiten aus und finden Ihre Geschmacksrichtung!

Fleischersatz: Tofu, Sojaflocken oder Sojahack aus dem Reformhaus. Aus verschiedenen Getreidesorten lassen sich köstliche Getreidepflanzerl (= Frikadellen) zaubern.

Reis: Vollreis aus kontrolliert biologischem Anbau. Da Vollreis durch zu lange Lagerung leicht ranzig werden kann, bedingt durch den Fettgehalt der noch vorhandenen Silberhaut, wird der im Supermarkt angebotene Vollreis meist einer chemischen Behandlung unterzogen. Probieren Sie es einmal aus, vor allem atmen Sie die Dämpfe ein, die aus dem Kochtopf kommen, wenn Sie ihn kochen.

Nudeln: Vollkornnudeln ohne Ei gibt es in allen Variationen. Man kann in Naturkostläden auch bereits fertige Lasagneblätter kaufen.

Gewürze: Vollmeersalz, frische Kräuter wie Basilikum, Liebstöckel, Tamari (= Sojasauce aus Sojabohnen und Meersalz), Tahin (= Sesampaste), Miso (= eiweißreiches fermentiertes Sojabohnenkonzentrat), häufig verträglich sind auch: Dill, Thymian, Oregano, Salbei, Rosmarin.
Häufig unverträglich sind: Paprika, Pfeffer, Curry, Meerrettich, Kümmel, Anis, Knoblauch- und Zwiebelpulver, Petersilie und Schnittlauch, Zimt, Vanille. Wenn Sie Brühextrakte kaufen, so achten Sie darauf, daß es eine reine Gemüsebrühe ist. Die besten Sorten führen Reformhäuser und Naturkostläden.
Vorsicht bei Hefeallergie: steht die Hefezutat in der Zutatenliste ziemlich vorne, so wird die Brühe oft nicht vertragen. Ebenso verhält es sich mit Sellerie bei entsprechender Unverträglichkeit.

Obst und Gemüse: Profitieren Sie vom jahreszeitlich bedingten Angebot auf dem heimischen Gemüsemarkt! Wenn man über eine gute Vorratshaltung verfügt und sich genügend Obst und Gemüse einfriert bzw. trocknet, hat man stets etwas zum Variieren. Es ist ratsam, Obst und Gemüse aus kontrolliert biologischem Anbau (kbA) zu beziehen. Naturkostläden, Reformhäuser und natürlich Ihr eigener Garten bieten es an. Vorsicht ist geboten bei Zwiebeln, Lauch, Knoblauch und Schnittlauch — allerdings sind diese oft in gedünsteter Form durchaus verträglich. Auch bei Meerrettich, Sellerie, sauren Apfelsorten (eventuell schälen oder kochen), grünem Paprika, Karotten, Tomaten (eventuell gehäutet und gekocht), bei allen Zitrusfrüchten, Kiwis, saurem Stein- oder

Beerenobst, Erdbeeren, Johannisbeeren und Stachelbeeren können unerwünschte Reaktionen auftreten.

Nüsse und Ölsaaten: Anstatt Hasel-, Erd-, Walnüssen werden meist gut vertragen Cashewkerne, Pistazien, Pinienkerne, Sonnenblumenkerne, Kürbiskerne, Sesam, Leinsamen, wie auch Mandeln und Kokosnüsse.

Sprossen und Keime: Gerade in der naßkalten Jahreszeit sollte man sich den gesundheitlichen Wert von Sprossen und Keimen vor Augen führen. Der Vitamingehalt von Samen und Körnern erhöht sich beim Keimen um 50–200%. Mit kaum einem anderen Lebensmittel erhalten wir soviele Nähr- und Vitalstoffe in so konzentrierter Form wie mit Keimen und Sprossen. Im Fachhandel können Sie spezielle Keimapparate beziehen. Verwendung finden Sprossen in Müslis, Salaten, Hauptgerichten oder in Nachspeisen.

Getränke: Natriumarmes Mineralwasser mit wenig Kohlensäure, reizarme Kräutertees, zum Beispiel Himbeer- oder Brombeerblättertee, Stiefmütterchentee, Früchtetees ohne Zitrusschalen und Aromazusätze, naturtrübe Äpfel- oder Birnensäfte (ohne Zusatz von Zucker, Zitronensäure, Hefe und Schimmelpilzen) mit Mineralwasser vermischt. Oft unverträglich sind: Kamille, Pfefferminz, Fenchel, Zimt, Kaffee, Alkohol (bitte keinen Rum oder ähnliches in den Kuchenteig geben!). Cola und Limonaden sind schon wegen des hohen Zuckergehaltes zu meiden. Haben Sie gewußt, daß viele Leute ihr eigenes Leitungswasser nicht vertragen? Kalk und Chlorzusätze sind die Übeltäter. Vielleicht verwenden Sie probeweise zum Kochen ein stilles Quellwasser (z.B. Volvic) oder legen sich einen Wasserfilter (zum Beispiel von Brita) zu, den nicht nur Apotheken führen.

Ergänzende Hinweise: Wenn Sie trotz aller guten Vorsätze nicht ganz auf Fertiggerichte verzichten können, so achten Sie bitte genau auf die Zutatenliste dieser Produkte. Kritisch wird es, wenn Farb- und Konservierungsstoffe (E-Nummern) enthalten sind, denn diese muß ein Allergiker unbedingt meiden. Sie müssen auch wissen, daß in sogenannten Fruchtzubereitungen Zucker enthalten sein kann, der aber laut Gesetz hier nicht aufgelistet werden muß. Vorsicht auch bei Kartoffel-Fertigprodukten, wie zum Beispiel Reibekuchen, Flockenpulver für Kartoffelklöße, Kartoffelbrei oder Pommes frites. Da sich die Kartoffel braun verfärbt, sobald sie geschält ist, werden Schwefeldioxid (E220) und/oder Antioxidantien (E320/321) zugesetzt.

Hinweise zum Rezeptteil:

- Alle Rezepte beziehen sich auf 4 Personen, falls nicht anders angegeben.

- Damit auch die gesunden Familienmitglieder auf ihre Kosten kommen, können Sie ohne weiteres die Rezepte abwandeln, ohne einen erheblichen Mehraufwand in Kauf nehmen zu müssen. Beispiele: Sie backen eine Pizza und belegen sie halb normal und halb für die Allergiker, oder wenn Sie einen Auflauf machen, füllen Sie eine kleinere Form mit dem etwas stärker gewürzten Teil. Für Suppen und Saucen halten Sie zerdrückten Knoblauch, Petersilie, Zwiebel oder geriebenen Käse bereit, die in die weggenommene Portion kommen.

- Die Rezeptzutaten können Sie durch gleichwertige Produkte ersetzen. Ist zum Beispiel Sojamilch angegeben, so können Sie genauso ein Sahne-Wasser-Gemisch, Ziegenmilch oder ähnliches in der gleichen Menge verwenden. Ebenso bei Honig oder Birnendicksaft. Wenn Joghurt dasteht, können Sie Joghurt aus Kuhmilch, Ziegenmilch, Schafmilch oder Sojamilch verwenden. Anstatt Quark nehmen Sie Tofu oder nach Belieben Seidentofu, der etwas cremiger beschaffen ist. Vor der Verwendung mit etwas Wasser pürieren.

Frühstücksvorschläge

Frischkornmüsli

2 EL Getreide pro Person (Hafer, Dinkel, Roggen, Gerste)
Wasser zum Einweichen · etwas Sahne oder Sojamilch
1 Becher Joghurt natur
frisches Obst, z. B. Apfel, Birne, Banane, Beeren
ungeschwefelte Trockenfrüchte wie beispielsweise Rosinen, Dörrpflaumen, Apfelschnitze, Birnen, Datteln
Mandeln oder Cashewkerne gehackt · Sesam
Sonnenblumenkerne · Kürbiskerne oder Leinsamen
evtl. Honig oder Birnendicksaft

Das Getreide grob schroten oder als Korn über Nacht in Wasser bedeckt in einem geschlossenen Topf quellen lassen. Mit Sahne vorsichtig erwärmen (nicht über 45 Grad). Die anderen Zutaten in Schüsselchen verteilen, die Kerne eventuell leicht rösten und zu Tisch geben. Jeder kann sich an Ort und Stelle sein individuelles Müsli zusammenstellen. Das macht auch den Kindern Spaß. Sollten Sie unter der Woche nicht so viel Zeit für das Frühstück haben, so mischen Sie die Zutaten gleich in das Getreide hinein.

Flockenmüsli mit Rosinen

Pro Person:

3 EL Haferflocken · 1 EL ungeschwefelte Rosinen

etwas Sahne oder Sojamilch · 1 EL Birnendicksaft

1 EL Cornflakes (Naturkostladen, ohne Zucker)

evtl. Sesam

Haferflocken und Rosinen in eine Schüssel geben und die erwärmte Sojamilch darübergießen. Mit Birnendicksaft süßen und zuletzt die Cornflakes zugeben. Sie können das Ganze noch geschmacklich abrunden, wenn Sie 1 EL gerösteten Sesam darüberstreuen.

Anstatt der Haferflocken können Sie natürlich auch Reisflocken, Dinkelflocken, Gerstenflocken oder anderes nehmen. Wenn Sie eine Flockenmaschine besitzen, so sind Sie ganz unabhängig vom Einkauf, da Sie immer einen Getreidevorrat zu Hause haben.

Mandelmilch

10 g Mandelmus (Reformhaus)

100 ml Wasser (z. B. Volvic) · 1 Banane

*evtl. etwas Süßungsmittel, ist aber gerade bei
Säuglingen nicht nötig*

Alle Zutaten in einem Mixer pürieren und für die Flaschennahrung auf Trinktemperatur erwärmen.

Kokosmilch

---

100 g Kokosflocken · 500 ml Wasser

---

etwas Süßungsmittel bei Bedarf

Die Kokosflocken mit dem Wasser gemischt einige Stunden quellen lassen. Zum Kochen bringen, dabei immer wieder umrühren, vom Herd nehmen und abkühlen lassen. Die Kokosmischung durch ein sehr feines Sieb streichen und die gesamte Flüssigkeit durchdrücken. Nun können Sie die Kokosmilch bei Bedarf süßen und in einem Schraubglas im Kühlschrank aufbewahren. Vor der Verwendung gut aufschütteln.

Getreidemilch

---

200 g grobgemahlenes Vollkornmehl
(z. B. Dinkel, Weizen, Gerste, Hafer)

1½ l Wasser · 1 Prise Vollmeersalz

---

evtl. Süßungsmittel

Rühren Sie das Vollkornmehl in das Wasser ein und lassen Sie es über Nacht zugedeckt stehen. Streichen Sie nun die Flüssigkeit durch ein feines Haarsieb und bringen Sie diese Getreidemilch einmal zum Kochen. Abschmecken mit einer Prise Salz und etwas Süßungsmittel und im kalten Wasserbad rasch abkühlen, im Kühlschrank aufbewahren. Kurz vor der Verwendung gut durchschütteln. Sollten die Kinder schon größer sein, so können Sie auf das Abkochen verzichten, jedoch nicht bei Säuglingsnahrung.

Reismilch

50 g Reismehl · 1 l Wasser · 1 Prise Salz

Süßungsmittel nach Geschmack

Reismehl und Wasser in einem Topf gut verrühren und einmal aufkochen. Von der Herdplatte nehmen und im kalten Wasserbad schnell herabkühlen lassen, abschmecken und im Kühlschrank aufbewahren. Da diese Milch nicht jedermanns Sache ist, probieren Sie zuerst eine geringe Menge davon aus. Reismilch schmeckt etwas bitter.

Brotaufstriche
pikant und süß

Tofu pikant

250 g Tofu oder Seidentofu · 150 g Crème fraîche

1 kleine Zwiebel · 2 Knoblauchzehen · 1 rote Paprikaschote

Schnittlauch oder ähnliches · evtl. Paprika edelsüß

Alle Zutaten mixen oder pürieren. Wenn man frische Zwiebel oder Knoblauch nicht verträgt, kann man sie auch vorher dünsten und abkühlen lassen. Den Aufstrich auf einen flachen Teller streichen, mit Schnittlauch und geröstetem Sesam bestreuen, kalt stellen.

Avocadoaufstrich

1 Avocado

etwas Säuerungsmittel, z. B. Apfelessig, Apfelsaft, Molkosan (Reformhaus)

½ TL Vollmeersalz · ½ Becher Crème fraîche

evtl. etwas Knoblauch, Muskat, Basilikum

Avocado (sie muß weich sein) waschen, halbieren, den Kern herausnehmen, Schale abziehen und mit den anderen Zutaten pürieren, abschmecken.

Gemüseaufstrich

---

1 kleine Zwiebel · 1 Möhre · 30 g Lauch

¼ Stück Kohlrabi · 50 g Sauerrahmbutter

---

gemischte Kräuter (Dill, Estragon, Liebstöckel,
Basilikum, Majoran)

Vollmeersalz · 150 g Sauerrahmbutter

Gemüse waschen, schälen, putzen und ganz fein würfeln. 50 g Butter erhitzen, Gemüse andünsten, feingewiegte Kräuter zufügen, restliche Butter (150 g) zugeben, abschmecken und erkalten lassen.

Buchweizen-Brotaufstrich

---

150 g Buchweizen · 500 ml Wasser · Kräutersalz

---

etwas Muskat · 1 EL Oregano · 2 EL Crème fraîche

---

2 EL Tomatenmark

Buchweizen und Wasser (Verhältnis 1:2—2,5) zum Kochen bringen, auf ausgeschalteter Herdplatte ausquellen und abkühlen lassen. Die restlichen Zutaten zugeben und gut abschmecken. In einer verschließbaren Dose im Kühlschrank aufbewahren.

Champignonbutter

100 g frische Champignons · 1 kleine Zwiebel

3 EL glatte Petersilie · 150 g Sauerrahmbutter

½ TL Vollmeersalz · 1 TL Obstessig

Champignons waschen, häuten und mit den restlichen Zutaten pürieren. Zuletzt die erwärmte Butter langsam einrühren, kalt stellen.

Sesambutter

100 g Sesam · 1 TL Kräutersalz

150 g Sauerrahmbutter

Sesam entweder kurz anrösten oder in der Stahlmühle frisch mahlen und dann (ohne Fett!) rösten, abkühlen lassen. Butter cremig rühren, Salz und Sesam zugeben, gekühlt servieren. Sesam kann man durch Mohn, Sonnenblumenkerne, Pistazien oder Kürbiskerne ersetzen.

Kräuterbutter

Man nimmt eine Tasse feingewiegter, frischer Kräuter und verrührt sie mit gepreßtem Knoblauch, Kräutersalz und 150 g Sauerrahmbutter.

Grünkernpaste

1½ Tassen Grünkernmehl · 1¼ Tassen Wasser

Kräutersalz · 1 Lorbeerblatt · 1 Tasse Olivenöl

Knoblauch, Thymian, Oregano oder Majoran

Grünkernmehl mit Wasser, Salz und Lorbeerblatt zusetzen und 5 Minuten kochen, das Lorbeerblatt herausnehmen. Die restlichen Zutaten einrühren, eventuell Wasser zugeben, abschmecken und kalt stellen.

Kichererbsenpaste

100 g Kichererbsen · Kräutersalz · 1–2 EL Apfelessig

1 Knoblauchzehe · 3 EL Tahin (Sesammus)

etwas kaltgepreßtes Öl · Schnittlauch

Die Kichererbsen über Nacht in genügend Wasser einweichen. Im Einweichwasser weich kochen, eventuell noch etwas Wasser zufügen, pürieren, restliche Zutaten zugeben, abschmecken, auf einen Teller streichen und etwas Öl und Schnittlauch darübergeben, kalt stellen.

Trockenfrüchte-Brotaufstrich

---

250 g Trockenfrüchte (z. B. Äpfel, Birnen, Pflaumen,
Bananen, Rosinen, Ananas, natürlich alles ungeschwefelt)

Vanillepulver und Zimt nach Geschmack

Die Trockenfrüchte über Nacht mit soviel Wasser einweichen, daß sie gut bedeckt sind. Mit der Flüssigkeit (eventuell etwas abgießen) pürieren und abschmecken. In ein Schraubglas füllen und im Kühlschrank aufbewahren.

Mandelmus

1 Teil gemahlene, geschälte Mandeln mit 1 Teil Weizen- oder Hafermehl, Birnendicksaft oder ähnlichem und Carobpulver* nach Geschmack gut verrühren, eventuell etwas Wasser zugießen. Die Masse soll streichfähig sein. In ein Glas füllen und kalt stellen.

Feigenbutter

---

150 g getrocknete Feigen · 75 g Mandeln, gemahlen

---

150 g Sauerrahmbutter · 75 g Birnendicksaft

---

2 Msp Delifrut (= Gewürzmischung aus dem Reformhaus)

Die Feigen für circa 2 Stunden einweichen und mit den Mandeln mixen. Butter schaumig rühren, Birnendicksaft und Delifrut zugeben, zuletzt die Feigenmasse unterrühren, kalt stellen.

---

* *Carobpulver,* auch Karobe oder Caroube, wird durch Mahlen der Früchte des Johannisbrotbaumes gewonnen und hat einen schokoladeähnlichen Geschmack. Erhältlich ist Carobpulver im Reformhaus oder im Naturkostladen.

Süße Mohnbutter

---

100 g gemahlener Mohn · 100 g Sauerrahmbutter

---

100 g Birnendicksaft oder ähnliches · 1 Msp Vanillepulver

Butter und Süßungsmittel cremig rühren, Mohn und Vanille zugeben und kalt stellen.

Grundrezept für Marmelade mit Agar-Agar

---

1 kg Früchte · 350–400 g Honig oder Birnendicksaft

---

2 gestrichene TL Agar-Agar

Die Schraubgläser sorgfältig ausspülen und heiß nachspülen, mit der Öffnung nach unten auf ein sauberes Geschirrtuch stellen. Deckel ebenso gründlich reinigen. Früchte waschen, putzen, entkernen, zerkleinern oder pürieren, mit dem Honig und dem Agar-Agar in einen genügend großen Topf geben und unter Rühren 5—10 Minuten kochen. Noch heiß in die Gläser füllen und gut verschließen. Gestürzt auf einem Tablett erkalten lassen und kühl und dunkel lagern.

Rohe Fruchtmarmelade

---

750 g frisches Obst (am besten süßes Beerenobst oder Pflaumen)

100 g Birnendicksaft oder ähnliches

100 g Diätzucker (z. B. Sionon) · 1 Msp Vanillepulver

1 gehäufter TL Agar-Agar

Die Beeren waschen, verlesen, gut abtropfen lassen. Pflaumen entkernen. Früchte, Süßungsmittel, Vanille vermischen, mit dem Handrührgerät 15—20 Minuten rühren, bis die Masse breiig-musig ist. 1 gehäuften TL Agar-Agar mit etwas kaltem Wasser anrühren, 1 Tasse kochendes Wasser dazufügen und unter die Fruchtmasse rühren. Marmelade in Schraubgläser füllen und kalt stellen.

Hagebuttenmarmelade

1,5 kg verlesene Hagebutten · 1,5 l Wasser

45 g Fruchtgel (Naturkostladen)

100—200 g Birnendicksaft oder Honig

Die sehr reifen Hagebutten entstielen und mit dem Wasser zum Kochen bringen. Nach circa 5—10 Minuten pürieren und diese Masse durch ein Sieb streichen. Es kann sein, daß Sie noch etwas Wasser zugeben müssen, da die Masse durch das Pürieren sehr sämig wird. Sie erhalten circa 1,5 kg Fruchtmus.
Unter das Fruchtmus gibt man nun den Birnendicksaft und das Fruchtgel und bringt es unter Rühren zum Kochen. Nach 5—10 Minuten in gut gereinigte Schraubgläser füllen, mit dem Schraubdeckel gut verschließen und gestürzt auskühlen lassen. Kühl und dunkel lagern. Angebrochene Gläser im Kühlschrank aufbewahren und alsbald verbrauchen.

Suppen

Pfannkuchensuppe

TEIG AUS HIRSE-DINKEL:

100 g Hirsemehl · 150 g Dinkelmehl · 2 TL Lecithin

¾ l Sojamilch · ½ TL Vollmeersalz

je nach Bedarf Mineralwasser

ungehärtetes Kokosfett zum Ausbacken

Die Zutaten zu einem flüssigen Teig verrühren und ½ Stunde quellen lassen. Dünne Pfannkuchen mit wenig Fett goldgelb bakken, erkalten lassen, in feine Streifen schneiden und mit einer gut abgeschmeckten Gemüsebrühe anrichten.

Gemüsebrühe

1½ l Wasser · 6 TL Gemüsebrühextrakt

1 EL frischer oder gefrorener Liebstöckel, fein geschnitten

Kräutersalz nach Bedarf · 1 kleine Möhre

¼ Kohlrabi · Schnittlauch zum Anrichten

Wasser zum Kochen bringen, Brühe zugeben, ebenso den Liebstöckel. Suppe von der Herdplatte nehmen und kurz vor dem Essen geriebene Möhre und Kohlrabi zugeben, eventuell noch einmal aufkochen lassen. Mit Schnittlauch angerichtet über die Pfannkuchenstreifen geben.

Geröstete Maisgrießsuppe

---
40 g Sauerrahmbutter · 100 g Maisgrieß (Polenta)

1 EL Gemüsebrühextrakt · 1 ¼ l Wasser · Vollmeersalz

frische Kräuter zum Anrichten

Butter schmelzen und den Grieß darin anrösten. Mit der Gemüsebrühe aufgießen und mit dem Schneebesen kräftig schlagen. Einmal aufkochen, von der Herdplatte nehmen und 10 Minuten ausquellen lassen. Abschmecken und mit beliebigen gehackten Kräutern anrichten.

Nudelsuppe mit Gemüse

---
80 g Vollkorn-Suppennudeln ohne Ei

Wasser zum Kochen · 1 ¼ l Gemüsebrühe

2 kleine Kartoffeln · 1 Möhre

Schnittlauch und Dill zum Anrichten

Die Suppennudeln in kochendes Wasser einstreuen und kernigweich kochen, abseihen.

Die Gemüsebrühe herstellen, abschmecken und kurz vor dem Essen die Kartoffeln und die Möhre hineinreiben (feine Einstellung), kurz aufkochen und sofort mit Nudeln und Schnittlauch servieren.

Mangoldcremesuppe

---

250 g frischer Mangold (oder Spinat)

---

30 g Sauerrahmbutter · 1 Zwiebel · 1–2 Knoblauchzehen

1¼ l Gemüsebrühe · ½ TL Muskat, gemahlen

Vollmeersalz · ½ Becher Crème fraîche

Butter erhitzen, die feingeschnittene Zwiebel und den zerdrückten Knoblauch darin andünsten. Den gewaschenen und zerkleinerten frischen Mangold (oder Spinat) zugeben, kurz mitdünsten und mit der Brühe aufgießen. Herdplatte ausschalten und gar ziehen lassen. Die Suppe pürieren, abschmecken und Crème fraîche einrühren. Mit einem Tupfer Crème fraîche anrichten.

Grünkernschrotsuppe

---

150 g geschroteter Grünkern · 1¼ l Gemüsebrühe

---

1 Zwiebel · Kräutersalz · Oregano · Thymian

½ Becher Crème fraîche oder Sahne

Möhre, Schnittlauch oder andere frische Kräuter zum Anrichten

---

Geschroteten Grünkern für mindestens 4 Stunden einweichen. Feingewürfelte Zwiebel in etwas Butter andünsten, Grünkern zugeben, kurz mitdünsten, die Brühe angießen und einmal aufkochen. Auf ausgeschalteter Herdplatte 15 Minuten ausquellen lassen. Frische Kräuter zugeben (getrocknete Kräuter bereits vorher, damit sich das Aroma entwickeln kann), abschmecken und mit Crème fraîche verfeinern. Mit einer frisch geriebenen Möhre und Schnittlauchröllchen anrichten.

Grüne Möhrencremesuppe

500 g Möhren · 150 g frischer Spinat

¼ l Gemüsebrühe · 1 TL Liebstöckel · ½ Becher Crème fraîche

2 Meßlöffel Biobin · Muskat

Vollmeersalz · Petersilie

Spinat waschen, putzen, kleinschneiden und mit den grob geraspelten Möhren in der Gemüsebrühe circa 15 Minuten kochen. Liebstöckel zugeben und pürieren. Biobin und Crème fraîche vermischen und in die Suppe einrühren, abschmecken und mit gehackter Petersilie bestreut servieren.

Sechs-Korn-Getreidesuppe

250 g geschrotetes Getreide
(gibt es fertig gemischt im Naturkostladen)

1½ l Gemüsebrühe · Kräutersalz · etwas Knoblauch

2 EL Sahne · Schnittlauchröllchen zum Anrichten

Getreide grob schroten und über Nacht (mindestens jedoch für 4 Stunden) einweichen. Brühe zum Kochen bringen, Getreide einrühren, einmal aufkochen und auf ausgeschalteter Herdplatte noch 15 Minuten quellen lassen. Abschmecken, etwas Sahne unterrühren und mit Schnittlauch bestreut servieren.

Kartoffelcremesuppe

500 g Kartoffeln · etwas Wurzelwerk · 1¼ l Wasser

Vollmeersalz · frischer Majoran · Liebstöckel

½ Becher Sahne · Kräuter und geraspelte Möhre zum Anrichten

Kartoffeln schälen und in Würfel schneiden. Wurzelwerk waschen, putzen, kleinschneiden. Das Wasser in einen Topf geben, Gemüse und Kräuter zufügen und circa 20 Minuten kochen. Die Suppe pürieren, abschmecken, mit Sahne verfeinern und mit feingeraspelter Möhre und Kräutern bestreut anrichten.

Tomatensuppe aus frischen Früchten

1 kg reife Tomaten · Wasser · ⅛–¼ l Gemüsebrühe

⅛ l Sahne · Basilikum · Oregano · Vollmeersalz

Basilikumblätter zum Anrichten

Tomaten waschen, kurz in kochendes Wasser geben, häuten und in einem Topf pürieren. Warme fertige Brühe zugießen, Sahne und feingeschnittene Kräuter unterrühren, abschmecken und mit frischen Basilikumblättern servieren.

Mein Tip: Man kann diese Suppe auch zu einer Hauptspeise erweitern, wenn man gekochten Vollreis, Graupen oder Dinkel als Einlage dazu gibt.

Graupensuppe

1 Zwiebel · 1 Knoblauchzehe · 75 g Graupen

1 EL Sauerrahmbutter · ¼ l Gemüsebrühe · ¼ l Sojamilch

2 Meßlöffel Biobin · 2 EL geriebener Käse

Muskat · Kräuter

Zwiebel und Knoblauch fein hacken. Graupen unter fließendem Wasser gründlich waschen. Butter erhitzen, Zwiebel und Knoblauch zugeben und andünsten, Graupen zufügen und mitdünsten. Mit der Brühe aufgießen und zugedeckt bei milder Hitze 25 Minuten garen. Sojamilch und restliche Zutaten verquirlen und in die Suppe einrühren, nochmals aufkochen, abschmecken und mit Kräutern servieren.

Rohe Dinkelschrotsuppe

250 g Dinkel · Wasser · 1 EL Crème fraîche

2 EL Sahne · 1 TL Gemüsebrühextrakt · Kräuter

Dinkel grob schroten und über Nacht einweichen. Wasser abgießen, die restlichen Zutaten zugeben, auf 40 Grad erwärmen, eventuell pürieren, abschmecken und mit frischen Kräutern bestreut anrichten.

Grießnockerlsuppe

---

50 g Sauerrahmbutter · 60 g Hartweizengrieß

---

1 Meßlöffel Biobin · 1 EL Sojamehl oder 1 TL Lecithin

---

1 TL Backpulver · ½ TL Vollmeersalz · 50 ml Mineralwasser

1¼ l Gemüsebrühe · Schnittlauchröllchen

Alle Zutaten zu einem Nockerlteig verrühren. Die Gemüsebrühe zum Kochen bringen, mit zwei Teelöffeln Nockerl formen und in die heiße Brühe geben, vorsichtig ziehen lassen! Kocht die Brühe zu stark, zerfallen die Nockerl recht schnell. Nach circa 15—20 Minuten sind sie fertig und können mit Schnittlauch serviert werden.

Grünkernnockerlsuppe

FÜR DEN BRANDTEIG:

¼ l Wasser · 4 EL Sauerrahmbutter · ½ TL Vollmeersalz

---

150 g gemahlener Grünkern · 2 EL Sojamehl + 2 EL Wasser

---

2 EL gehackte Petersilie · 1¼ l Gemüsebrühe

Den Brandteig herstellen: Wasser mit Butter und Salz aufkochen, Grünkernmehl auf einmal zufügen und unter ständigem Rühren abbrennen, bis sich ein Kloß bildet. Den Teigkloß in eine Schüssel geben und das angerührte Sojamehl sowie die Petersilie unterrühren. Die Gemüsebrühe zum Kochen bringen, mit zwei Teelöffeln Nockerl formen, diese einlegen und 15 Minuten gar ziehen lassen.

Italienische Nudel- und Reisgerichte

Spaghetti mit Soja»bolognese«

---

250 g Vollkornspaghetti · Salzwasser · Butter

---

3 EL Oliven- oder anderes Öl · 2 große Zwiebeln

---

100 g Sojahackflocken · ca. ¼ l Gemüsebrühe

2—3 Knoblauchzehen · 1 Bund Suppengrün

---

2 EL Tomatenmark · ⅛ l Sahne

---

2 EL gemischte Kräuter (Thymian, Majoran,
Liebstöckel, Basilikum)

Vollmeersalz · Schnittlauch oder Petersilie

Gemüsebrühe vorbereiten und warm über das Sojahack gießen;
quellen lassen. Die Spaghetti in kochendem Salzwasser bißfest garen, abgießen und mit etwas Butter wieder erwärmen. Zwiebeln,
Knoblauch und Suppengrün sehr fein schneiden und in heißem
Fett kurz anbräunen. Das gequollene Sojahack zugeben und mitbräunen, die restlichen Zutaten zugeben und 10 Minuten auf ausgeschalteter Herdplatte gar ziehen lassen. Abschmecken, eventuell
feingeschnittenen Schnittlauch oder Petersilie unterrühren und
über die erwärmten Spaghetti ziehen.

Spaghetti mit Mandeln und Käse

---

250 g Vollkornspaghetti

Salzwasser · 100 g geriebener Schafgouda

---

100 g gemahlene Mandeln · 2 EL Schnittlauch

---

1 EL Thymian, Basilikum, Salbei und Liebstöckel gemischt

---

2 EL Butter

Spaghetti kochen wie oben. Käse, Mandeln und Kräuter mischen. Spaghetti in Butter erhitzen, die Käse-Mandel-Mischung abschmecken und unter die heißen Spaghetti ziehen.

Lasagne al forno

---

400 g Lasagneblätter · Salzwasser

---

1 Rezept Soja»bolognese« herstellen

FÜR DIE BÉCHAMELSAUCE:

---

50 g Sauerrahmbutter · 50 g Vollkornmehl

¼ l Gemüsebrühe · 200 g Sahne · Vollmeersalz

---

3 EL geriebener Käse, z. B. Schafgouda

---

1 Rezept Soja»bolognese« (siehe Seite 64) herstellen. Die Lasagneblätter in reichlich kochendem Salzwasser mit 1 EL Öl kernigweich kochen und auf einem sauberen Küchentuch auslegen.
Béchamelsauce: Butter schmelzen, das Mehl unter Rühren leicht anschwitzen, langsam die Brühe zugießen, dabei mit dem Schneebesen kräftig schlagen, damit es nicht klumpt. Die Sahne zugeben, würzen, den Käse unterheben. Den Backofen auf 180 Grad vorhei-

zen, eine Auflaufform einfetten. Schichtweise die Lasagneblätter, Soja»bolognese« und Béchamelsauce einfüllen. Die letzte Schicht soll aus der Béchamelsauce bestehen. Ein paar Butterflöckchen aufsetzen und im Backofen circa 30—40 Minuten backen.

Cannelloni vegetarisch gefüllt

150 g pürierter Spinat · 3 kleine Möhren, geraspelt
2 kleine Zwiebeln, gewürfelt · 50 g gemahlene Mandeln
1 EL Oregano · 2 EL Crème fraîche · 1 Meßlöffel Biobin
Kräutersalz · etwas geriebener Käse
12 Cannelloniröhren (sollen nicht vorgekocht sein) oder 6—8 Lasagneblätter, die man vorkocht und ebenso aufrollen kann
½ l Béchamelsauce (siehe vorhergehendes Rezept) herstellen

Spinat, Möhren und Zwiebeln in etwas Butter oder Öl andünsten. Crème fraîche und Biobin verrühren und mit den restlichen Zutaten ins Gemüse rühren. Die Masse etwas abkühlen lassen. Die Cannelloni damit füllen, in eine gefettete Auflaufform legen, Béchamelsauce darüberziehen, mit Käse bestreuen, Butterflöckchen aufsetzen und bei 200 Grad circa 45 Minuten backen.

Verschiedene Saucen

Tofusauce

---
200 g Tofu · 200 g Sahne · 300 g tiefgefrorene Erbsen

Vollmeersalz · 75 g geriebener Käse · 1 EL gehackte Petersilie
---

Tofu und Sahne pürieren, in einem Topf um ein Drittel reduzieren (einkochen). Erbsen und Salz zugeben und erneut aufkochen, Herdplatte ausschalten und gar ziehen lassen. Käse und Petersilie einrühren, abschmecken.
Zu Vollkornnudeln oder Reis servieren.

Spinatsauce

---
500 g frischer Spinat · 1 Knoblauchzehe

20 g Sauerrahmbutter

etwas Gemüsebrühe oder Wasser · 2 EL Crème fraîche

Vollmeersalz · Muskat

Den Spinat waschen, putzen und mit dem Knoblauch in der Butter andünsten, mit der Brühe aufgießen und kurz aufkochen. Herdplatte ausschalten. Nach 5–10 Minuten pürieren und mit den restlichen Zutaten abschmecken.
Eine völlig neue Alternative zu »Nudeln mit Sauce« — schmeckt auch zu Vollwertreis!

Champignonsauce mit Erbsen

1 Zwiebel, gewürfelt
100 g frische Champignons, in Scheiben geschnitten
2 EL gehackte Petersilie · 2 EL Sauerrahmbutter
1 EL Vollkornmehl · etwas Gemüsebrühe
2 EL Crème fraîche · Kräutersalz
150 g tiefgefrorene Erbsen

Zwiebel, Pilze und Kräuter in der Butter andünsten, mit Mehl bestäuben, mit Gemüsebrühe aufgießen, so daß eine sämige Sauce entsteht. Die tiefgefrorenen Erbsen zugeben und 5–10 Minuten köcheln lassen. Mit Crème fraîche verfeinern, abschmecken. Paßt gut zu Reis oder Vollkornnudeln.

Weitere Saucen finden Sie in anderen Rezepten, z.B.

Béchamelsauce (siehe Seite 65),

Steinpilzsauce (siehe Seite 75),

Kräutersauce (siehe Seite 75),

Tomatensauce (siehe Seite 76),

Vanillesauce/Brombeersauce (siehe Seite 77).

Reisgerichte

Grundrezept: Risotto

---
2 EL Öl · 1 Zwiebel, gewürfelt · 1 Tasse Reis

2 Tassen Wasser · Kräutersalz oder Vollmeersalz

Öl erhitzen, Zwiebel und gewaschenen Reis darin dünsten, mit
Wasser oder auch Gemüsebrühe aufgießen, salzen und bei mittlerer Hitze und geschlossenem Topf so lange kochen, bis die Flüssigkeit aufgesogen ist. Die Garzeit beträgt circa 30—40 Minuten.
Unter diesen Reis kann man nun gegarte Erbsen, grüne Bohnen,
gewürfelte Tomaten, rote Paprikastückchen, Champignonscheiben wie auch Knoblauch mischen oder aber verschiedene Saucen,
siehe dort, reichen.

Reisfrikadellen

---
200 g Naturreis · ½ l Wasser oder Gemüsebrühe

20 g Zwiebel · 1 Knoblauchzehe

250 g gemischtes Gemüse (Erbsen, Möhren, Lauch, Maiskörner)

1 TL Meersalz · 3 EL Schnittlauch · 1—2 Meßlöffel Biobin

100 g Vollkornbrösel · Fett zum Ausbacken

Reis kernig-weich kochen, abkühlen lassen. Das feingeschnittene
oder geraspelte Gemüse im Fett andünsten und abkühlen lassen.
Alle Zutaten unter den Reis mischen, kleinere Frikadellen formen
und in der Pfanne herausbraten. Vorsicht beim Wenden — am besten, Sie nehmen 2 Eßlöffel zu Hilfe.

Pizza- und Strudelvariationen

Grundrezept: Hefeteig

---
500 g Weizen- oder Dinkelmehl · ¼ l lauwarmes Wasser

1 TL Vollmeersalz · 6 EL kaltgepreßtes Sonnenblumenöl

Die Hefe in lauwarmem Wasser auflösen und von der Mitte her in das Mehl einrühren, Salz und Öl zugeben und so lange schlagen, bis sich der Teig vom Schüsselrand löst. Zugedeckt an einem warmen, zugfreien Platz 45—60 Minuten gehen lassen. Den Teig nochmals durchkneten, ausrollen und auf ein gefettetes, bemehltes Blech legen. Belegen und bei 200 Grad (Umluft 175 Grad) circa 20—30 Minuten backen.

Grundrezept: Quarkölteig
(für ganz Eilige und wenn Quark vertragen wird)

---
250 g Sahnequark · 1 TL Vollmeersalz

¼ l kaltgepreßtes Sonnenblumenöl · 100 ml Wasser

400 g Vollkornmehl · 1 Packung Weinstein-Backpulver

Alle Zutaten werden in einer Schüssel geknetet, bis man einen schönen Teigkloß hat. Den Teig kann man sofort ausrollen und auf ein vorbereitetes Blech legen. Nach Belieben belegen und ca. 30 Minuten backen.

Mangold- oder Spinatpizza

1 Rezept Hefeteig als Pizzaboden

750 g frischer Mangold oder Spinat · 3–4 Tomaten

schwarze Oliven · Kräutersalz · Muskat · Basilikum

200 g geriebener Käse oder in Streifen geschnittener Schafkäse

Mangold waschen, in Streifen schneiden, in etwas Gemüsebrühe 5–10 Minuten dünsten. Mit Muskat, Salz und eventuell Knoblauch abschmecken. Falls Tomaten vertragen werden, diese waschen, in Scheiben schneiden. Alle Zutaten auf den Pizzaboden legen, zuletzt den Käse und bei 200 Grad 25–30 Minuten backen.

Pizza Margherita

1 Rezept Hefeteig als Pizzaboden (siehe Seite 70)

1 kg Tomaten · 400 g Mozzarella

2 EL Basilikum (möglichst frisch) · Vollmeersalz

Tomaten waschen und in Scheiben schneiden. Basilikum waschen und etwas kleiner schneiden oder in Stücke zupfen. Den in Scheiben geschnittenen Mozzarella und die restlichen Zutaten gleichmäßig auf dem Pizzaboden verteilen, backen wie oben.

Kartoffelpizza

FÜR DEN BODEN:

1 kg Kartoffeln · ¹/₈–¹/₂ l Sojamilch

2 EL Sauerrahmbutter · Kräutersalz · Muskat

FÜR DEN BELAG:

*Tomaten, Champignons, Lauch, zerbröselter Schafkäse oder
geriebener Käse, Majoran, Thymian oder Kräutersalz*

Kartoffeln dämpfen, schälen und sofort durch die Kartoffelpresse drücken. Sojamilch und Butter erhitzen, die Kartoffeln einrühren, bis ein schaumiger Brei entsteht, würzen. Die Masse auf ein gefettetes Backblech streichen und wie eine Pizza belegen. Bei 200 Grad im vorgeheizten Backrohr circa 25–30 Minuten backen. Damit man die Pizza gut auf den Teller bringt, empfiehlt es sich, sie zu achteln.

Apfelpizza

1 Rezept Quarkölteig als Pizzaboden (siehe Seite 70)

200 g Frischkäse · 100 g Erdbeeren oder Himbeeren

Birnendicksaft nach Geschmack

1 Msp Vanillepulver · 300 g Äpfel · frische Zitronenmelisse

Beeren pürieren und mit den anderen Zutaten verrühren. Äpfel waschen, schälen und in Scheiben schneiden. Frischkäsezubereitung auf den Pizzaboden streichen, mit Äpfeln und Zitronenmelisse belegen und bei 200 Grad 25–30 Minuten backen.

Grüne Pizza

---

1 Rezept Hefe- oder Quarkölteig (siehe Seite 70)
als Pizzaboden

---

200 g Kräuterfrischkäse · 1 Avocado · 1 EL Obstessig

Vollmeersalz · 2 mittlere Zucchini · 1 gelbe Paprikaschote

---

1 Bund glatte Petersilie oder andere verträgliche Kräuter,
z.B. Dill, Basilikum, Borretsch (= Gurkenkraut)

Avocado halbieren, entkernen, aus der Schale heben und mit einer
Gabel zerdrücken. Frischkäse, Essig und Salz dazurühren. Zucchini in Scheiben schneiden, Paprikaschote würfeln, Kräuter fein
wiegen. Den Pizzaboden mit der Frischkäsemischung bestreichen, Zucchinischeiben auflegen, Paprikawürfel darüber geben
und zuletzt die Kräuter aufstreuen. 25–30 Minuten backen.

Grundrezept: Strudelteig

---

250 g Weizenvollkornmehl · 2 Msp Vollmeersalz

---

1 TL Obstessig · 50 g Sauerrahmbutter · ⅛ l warmes Wasser

Alle Zutaten in einer Schüssel zu einem geschmeidigen Teig kneten, der sich vom Schüsselrand löst. Den Teig circa 50mal auf eine
Tischplatte schlagen, bis er elastisch und glänzend wird. Mit einem feuchten heißen Topf (1 Tasse Wasser im Topf zum Kochen
bringen, das Wasser ausgießen) den Teigkloß abdecken und 30 Minuten ruhen lassen. Inzwischen die Fülle herstellen und etwas abkühlen lassen. Den Teig auf bemehlter Arbeitsfläche in Backblechgröße auswellen. Auf das Nudelholz wickeln und auf ein bemehltes Tuch wieder abwickeln. Crème fraîche auf den Teig streichen,
Fülle darauf verteilen, die Seiten einschlagen und mit Hilfe des

Tuches aufrollen. Den Strudel auf ein gefettetes Blech legen, mit zerlassener Butter bestreichen und bei 200 Grad (Umluft 175 Grad) circa 45—60 Minuten backen.

Sauerkrautstrudel

1 Rezept Strudelteig (siehe oben)
600 g Sauerkraut · 350 g Äpfel · 75 g Zwiebeln
75 g geriebene Mandeln · 1 Becher Crème fraîche
2 EL Sauerrahmbutter

Alle Zutaten fein schneiden und mischen, eventuell die Zwiebelwürfel vorher andünsten. Den Teig mit Crème fraîche einstreichen, die Fülle darauf verteilen, aufrollen, auf das Blech legen und mit zerlassener Butter sowie etwas Sauerkrautsaft bestreichen, backen.
Als Beilage Kartoffelbrei (mit Gemüsebrühe und Crème fraîche hergestellt) servieren.

Champignonstrudel

1 Rezept Strudelteig (siehe Seite 73)
1,5 kg frische Champignons · 100 g Zwiebeln
2 Bund glatte Petersilie · 200 g Crème fraîche
1 Meßlöffel Biobin · 200 g geröstete Brotwürfel · Vollmeersalz

Champignons waschen, putzen, fein schneiden. Zwiebeln würfeln, Petersilie wiegen. Diese Zutaten in etwas Butter andünsten. Die Crème fraîche mit Biobin verrühren und unter die Champignons mischen. Brotwürfel und Salz zugeben, abschmecken. Den Strudel damit füllen und 45–60 Minuten backen (siehe Grundrezept Seite 73).

Dazu paßt eine *Steinpilzsauce:*

20 g getrocknete Steinpilze mit ⅛ l heißem Wasser übergießen, ¼ l Sahne zufügen und so lange kochen, bis die Flüssigkeit auf die Hälfte reduziert ist. Pürieren, 50 g Butterflocken unterziehen, nach Geschmack würzen.

Gemüsestrudel

1 Rezept Strudelteig (siehe Seite 73)
200 g Zwiebeln · 500 g grüne Bohnen · 500 g Blumenkohl
500 g Möhren · Vollmeersalz
je 2 Bund glatte Petersilie und Schnittlauch
100 g Sauerrahmbutter · 200 g Erbsen, tiefgefroren
200 g Crème fraîche · 1 Meßlöffel Biobin · Muskat

Die Zwiebeln würfeln, Möhren raspeln, Kräuter wiegen, Bohnen und Blumenkohl kleinschneiden. Zwiebeln und Gemüse in Butter andünsten, die gehackten Kräuter zugeben. Crème fraîche und Biobin verrühren und unter die heiße Gemüsemasse mischen, abschmecken. Den Strudel damit füllen.

Dazu paßt eine *Kräutersauce:*

30 g Sauerrahmbutter erwärmen, 30 g Vollkornmehl zugeben und eine helle Einbrenne herstellen, mit ½ l Gemüsebrühe aufgießen und 5–10 Minuten köcheln lassen. Reichlich frische Kräuter wie Dill, Kerbel, Sauerampfer, Schnittlauch, Petersilie oder Thymian feingewiegt zugeben, mit Vollmeersalz und frischer Sahne abschmecken.

Mangoldstrudel

---

1 Rezept Strudelteig (siehe Seite 73)

---

1 Tasse Vollreis · 2 Tassen Wasser · 1 kg Mangold

---

etwas Gemüsebrühe · 200 g Crème fraîche

---

1 Meßlöffel Biobin · Muskat · Vollmeersalz

Knoblauch nach Geschmack

Den gewaschenen Reis im geschlossenen Topf mit Wasser garen. Der Reis ist fertig, wenn das Wasser eingezogen ist. Mangold waschen, in Streifen schneiden und mit der Gemüsebrühe 5–10 Minuten dünsten. Crème fraîche und Biobin mischen. Alle Zutaten vermengen, abschmecken und den Strudel damit füllen.

Dazu paßt eine *Tomatensauce:*

1. Art: 2 EL Butter, 2 EL Vollkornmehl, 2 EL Tomatenmark, Kräutersalz, ½ l Gemüsebrühe, etwas Süßmittel, zum Beispiel Honig oder Birnendicksaft, Crème fraîche zum Abschmecken.
Eine helle Einbrenne aus Butter und Mehl herstellen und die entsprechenden Zutaten darunterrühren.

2. Art: 5 Tomaten kleinschneiden, in 2 EL Butter andünsten, mit 1 EL Mehl bestäuben, 1 zerdrückte Knoblauchzehe zugeben, mit ¼ l Gemüsebrühe aufgießen und 5–10 Minuten kochen. Pürieren und mit Kräutersalz und Sahne gut abschmecken.

Birnenstrudel

1 Rezept Strudelteig (siehe Seite 73)
2 kg Birnen · 1 EL Apfelsaft · 2 EL Kokosflocken
10 Scheiben Vollkornzwieback
Kompott von ca. 300 g Brombeeren
etwas Süßungsmittel (Honig, Apfel- oder Birnendicksaft)

Birnen waschen, eventuell schälen, in dünne Spalten schneiden. Den Zwieback zerbröseln und mit den Kokosflocken vermischen. Alle Zutaten, einschließlich der Brombeeren vom Kompott, vermengen, abschmecken und den Strudel damit füllen.

Dazu paßt eine *Brombeersauce:*
Zubereitung wie *Vanillesauce* (siehe unten), jedoch nimmt man statt Wasser den Saft vom Brombeerkompott.

Apfelstrudel

1 Rezept Strudelteig (siehe Seite 73) · 800 g Äpfel
75 g geriebene Mandeln · 125 g gewaschene Rosinen
1 TL Zimt · 125 g Crème fraîche
Birnen- oder Apfeldicksaft nach Geschmack

Äpfel waschen, schälen, würfeln und mit den restlichen Zutaten vermischen, abschmecken. Den Strudel damit füllen.

Dazu paßt eine *Vanillesauce:*
¹/₂ l Wasser mit 80 g Vollkornmehl und 1 Msp Salz verrühren und aufkochen. Etwas abkühlen lassen und 200 g Crème fraîche, 150 bis

200 g Birnendicksaft oder Honig sowie ½ TL Vanillepulver unterrühren.

Pflaumenstrudel

(reicht für 2 Grundrezepte Strudelteig, siehe Seite 73)

500 g Pflaumen, frisch oder tiefgefroren
50 g Vollkorngrieß · 1 TL Zimt · 1 Meßlöffel Biobin
3 EL Crème fraîche · 6 Äpfel
Birnendicksaft nach Geschmack

Pflaumen entkernen oder auftauen lassen und das Auftauwasser abgießen (verwenden Sie es als erfrischendes Getränk, mit Mineralwasser gemischt). Die Äpfel schälen und raspeln. Alle Zutaten in einer Schüssel vermischen und abschmecken. Den Strudelteig halbieren und ausrollen, mit Crème fraîche bestreichen und die Hälfte der Fülle daraufstreichen. Strudel aufrollen, auf das Blech legen und mit Sahne bestreichen, backen wie im Grundrezept beschrieben. Sie können vor dem Backen auch noch blättrig geschnittene Mandeln auf den Strudel streuen.

Aufläufe
süß und pikant

Hirseauflauf

---
300 g Hirse · 1 l Wasser · 2 Msp Vollmeersalz

je 1 Vanille- und Zimtstange · 75 g Sauerrahmbutter

100 g Apfel- oder Birnendicksaft · 100 g Rosinen

100 g Sahne · 50 g Mandeln, gehackt

Wasser mit Salz, Vanille- und Zimtstange zum Kochen bringen und die Hirse einlaufen lassen. 10 Minuten leicht kochen, 20 Minuten bei geringster Hitze ausquellen und abkühlen lassen. Butter und Birnendicksaft schaumig rühren, abgekühlte Hirse, gewaschene Rosinen und die Sahne unterrühren. Die Masse in eine gefettete Auflaufform geben und mit gehackten Mandeln bestreuen. Bei 200 Grad auf der zweiten Schiene von unten circa 50 Minuten backen. Dazu Früchtekompott reichen. Sorte je nach Verträglichkeit.

Variation: 500 g geraspelte Äpfel unter die Hirsemasse geben, wobei das Kompott weggelassen werden kann.

Quinoa-Auflauf

150 g Quinoa* · ¼ l Wasser · 1 TL Zimt
1 Msp Vollmeersalz · 50 g Rosinen
250 g Quark oder Tofu (= Sojaquark) · 2 TL Lecithin
2 EL Sauerrahmbutter · 100 g Birnendicksaft
1 Tasse Mineralwasser · 2 EL Cashewkerne, gehackt

Wasser mit Salz, Zimt, Quinoa in einem Topf zum Kochen bringen, 15–20 Minuten kochen, gewaschene Rosinen zugeben und auf ausgeschalteter Herdplatte ausquellen und abkühlen lassen. Eine Schaummasse aus Butter, Lecithin und Birnendicksaft rühren. Quark und Mineralwasser unterrühren, zuletzt die gehackten Cashewkerne zugeben. Den Quinoabrei unter die Quarkmasse ziehen, in eine gefettete Auflaufform füllen, Butterflöckchen aufsetzen und circa 50 Minuten bei 200 Grad backen.

Quinoa-Apfel-Auflauf

1 Tasse Quinoa · 2½ Tassen Wasser
1 Prise Vollmeersalz · 1 TL Zimt · 4 geraspelte Äpfel
100 g Rosinen · ¼ l Sojamilch · etwas Vanillepulver
75 g Birnendicksaft · 2 EL Crème fraîche

Quinoa mit Wasser, Salz und Zimt zum Kochen bringen, 15–20 Minuten auf kleiner Stufe köcheln lassen. Etwas abgekühlt in eine

---

* *Quinoa:* Aus Südamerika stammende, sehr nährstoffreiche, eiweißhaltige Getreideart. Quinoakörner ähneln im Aussehen der Hirse und werden beim Kochen glasig.

Schüssel geben. Die überbrühten Rosinen, die geraspelten Äpfel, Sojamilch, Birnendicksaft, Vanille und Crème fraîche unterrühren und in eine gefettete Auflaufform füllen. Bei 175—200 Grad circa 30 Minuten backen. Dazu schmeckt eine Vanillesauce (siehe Seite 77).

Sauerkrautauflauf

20 g Sauerrahmbutter · 1 Zwiebel · 500 g Sauerkraut
Kümmel · 4–6 gegarte Pellkartoffeln · 1 Becher Crème fraîche
200 ml Sojamilch · 2 Meßlöffel Biobin · Vollmeersalz
Muskat · Majoran · 2 Tomaten · evtl. 50 g geriebener Käse

Butter erhitzen, die gewürfelte Zwiebel darin andünsten, Sauerkraut zugeben, Kümmel einstreuen und circa 10 Minuten dünsten. Mit den geschälten, in Scheiben geschnittenen Kartoffeln schichtweise in eine gefettete Auflaufform geben. Crème fraîche, Sojamilch, Biobin sowie die Gewürze verrühren und über den Auflauf geben. Mit Tomatenscheiben belegen, mit Käse bestreuen und im vorgeheizten Backofen bei 225 Grad circa 30 Minuten backken.

Überbackene Zwetschgenknödel

750 g Kartoffeln · 200 g Dinkelgrieß oder Polenta

¼ l Sojamilch · 2 EL Crème fraîche · 1 TL Vollmeersalz

ca. 500 g Zwetschgen · 20 g Sauerrahmbutter

100 g Vollkornsemmelbrösel · 1–2 TL Zimt

ZUM ANRICHTEN:

150 g Sauerrahmbutter · 100 g Birnendicksaft

Kartoffeln dämpfen, schälen und sofort durch die Kartoffelpresse drücken, auskühlen lassen. Dann Grieß, Sojamilch, Crème fraîche und Salz zugeben und gut durchkneten. Den Teig in circa 25 Stükke teilen. Mit feuchten Händen jeweils ein Teigstück glattdrücken, eine entkernte Zwetschge darauflegen und mit dem Teig umschließen.

Eine Auflaufform buttern, Semmelbrösel mit Zimt mischen und damit die Form ausstreuen. Zwetschgenknödel nebeneinander in die Form legen, die restlichen Brösel darüberstreuen. Bei 200 Grad auf der zweiten Schiene von unten circa 30 Minuten backen. Butter zerlaufen lassen, Birnendicksaft zugeben und über die fertigen Knödel gießen. Sogleich servieren.

Quarkauflauf
mit Zwetschgenkompott

80 g Sauerrahmbutter · 100 g Birnendicksaft
3 EL Sojamehl · 500 g Quark oder Tofu · 3 EL Sojamilch
80 g Dinkel- oder Weizengrieß · 1 TL Backpulver
$1/8$–$1/4$ l Mineralwasser mit Kohlensäure · Butterflöckchen

Aus Butter, Birnendicksaft und Sojamehl eine Schaummasse rühren. Quark und Sojamilch zufügen, zuletzt den Grieß, das Backpulver und das Wasser einrühren. Die Masse sollte fest, aber nicht zu dick oder zäh sein. Die Masse in eine gefettete Auflaufform geben, ein paar Butterflöckchen obenauf setzen und den Auflauf circa 1 Stunde bei 200 Grad, Umluft 175 Grad, backen.

Dazu paßt ein *Zwetschgenkompott*:

500 g Zwetschgen, $1/4$–$3/8$ l Wasser, Süßungsmittel nach Geschmack, 1 TL Zimt. Die Zwetschgen einmal aufkochen und auf ausgeschalteter Herdplatte noch 10 Minuten gar ziehen lassen.

Auberginenauflauf

1 Aubergine · 1 Stange Lauch
150 g Vollkornspaghetti ohne Ei · 1 Becher Sauerrahm
1 Becher Crème fraîche · 2 Meßlöffel Biobin
Muskat · Vollmeersalz
nach Belieben geriebener Käse (Pecorino)

Aubergine waschen, in 1 cm dicke Scheiben schneiden und in der Pfanne mit Öl von beiden Seiten anbraten. Sollte es Ihnen zu fett werden — die Auberginen saugen das Fett förmlich auf —, können Sie die Scheiben auch in etwas Salzwasser dünsten. Den geschnittenen Lauch zuletzt in die Pfanne geben und goldgelb andünsten. Die Spaghetti in reichlich kochendem Salzwasser kernig-weich kochen, abseihen und kurz kalt überbrausen. Auberginen, Lauch und Spaghetti abwechselnd in eine gefettete Auflaufform schichten und die gewürzte Sauerrahmmischung darübergießen. Den Auflauf circa 30 Minuten bei 175 Grad backen. Dazu gibt es reichlich frischen Salat.

Kartoffel-Gemüse-Auflauf

6–8 Kartoffeln · 1 Stange Lauch · 2 kleine Zwiebeln
1 kleiner Rettich · 2 Möhren · 1 Knoblauchzehe
2 EL Öl zum Andünsten · 4 EL Sojahackflocken (Reformhaus)
etwas Gemüsebrühe zum Aufgießen · Kräutersalz
Kümmel · Muskat · 1 Becher Crème fraîche
geriebener Käse (Pecorino)

Kartoffeln kochen, schälen und in Scheiben schneiden. Gemüse waschen, fein schneiden und in etwas Öl andünsten. Sojahack zugeben und mit der Gemüsebrühe aufgießen, Herdplatte ausschalten und 10 Minuten gar ziehen lassen. Gewürze, Crème fraîche und Käse zugeben, gut abschmecken. Frische, gehackte Kräuter unterziehen. Schichtweise Kartoffelscheiben und Gemüse in eine gefettete Auflaufform geben, Butterflöckchen aufsetzen und bei 200 Grad circa 30 Minuten backen.

Reisauflauf mit Pilzen

1½ Tassen Vollreis · 3 Tassen Wasser

---

250 g Champignons · 2 EL Sauerrahmbutter

Vollmeersalz · gehackte Petersilie · 2 EL Crème fraîche

---

1 Rezept Steinpilzsauce (siehe Seite 75)

Reis heiß überbrühen und mit dem Wasser zum Kochen bringen. Bei geschlossenem Topf und geringer Hitze ausquellen lassen. Der Reis ist fertig, wenn die Flüssigkeit vollständig aufgesogen ist. Champignons waschen, häuten und in Scheiben schneiden, in Butter andünsten, mit Salz, Petersilie und Crème fraîche abschmecken. Die Steinpilzsauce herstellen. Den Reis und die Champignons schichtweise in eine gefettete Auflaufform geben und bei 175 Grad 25 Minuten backen. Dazu die Steinpilzsauce und frischen Blattsalat reichen.

Geschichtete Gemüsepfannkuchen

FÜR DEN TEIG:

---

250 g Vollkornmehl · 400 ml Sojamilch

---

1 EL Sojamehl oder 1 TL Lecithin · 1 TL Vollmeersalz

---

1 Tasse Mineralwasser · ungehärtetes Fett zum Ausbacken

FÜR DIE FÜLLE:

---

1 Stange Lauch · 2 Zwiebeln · ½ Kohlrabi

---

4 Kartoffeln · ½ Becher Sahne · ⅛ l Gemüsebrühe

Kräutersalz · etwas Muskat und Kümmel

---

2 EL Liebstöckel · Reibekäse, z. B. Pecorino

Einen Pfannkuchenteig herstellen und 20 Minuten ruhen lassen. Das Gemüse waschen, schälen, raspeln bzw. hacken und in etwas

Öl andünsten, mit Sahne und Gemüsebrühe aufgießen und die Gewürzzutaten zugeben. Die Herdplatte ausschalten und das Gemüse in etwa 10 Minuten gar ziehen lassen. Den Backofen auf 200 Grad vorheizen, die Auflaufform fetten. Den Teig zu goldgelben Pfannkuchen herausbraten und diese schichtweise mit dem Gemüse in die Auflaufform geben. Die letzte Schicht bildet ein Pfannkuchen. Mit geriebenem Käse (Pecorino) bestreuen und bei 200 Grad 20 Minuten überbacken.

Variation: Nach jeder Gemüseschicht Käse mit einstreuen.

Grüner Getreideauflauf

100 g Dinkel · 200 g Grünkern · 1/2 l Gemüsebrühe
300 g Mangold oder Spinat · 1 EL Sauerrahmbutter
1 Knoblauchzehe · 1/2 TL Muskat · Vollmeersalz
2 EL Crème fraîche · 2 Meßlöffel Biobin
50 g geriebener Schafkäse (Pecorino)

Dinkel und Grünkern über Nacht in der Gemüsebrühe einweichen, am nächsten Tag aufkochen und bei geringer Hitze ausquellen lassen, eventuell noch etwas Wasser zugeben. Mangold waschen, in kleinere Stücke schneiden, in der Butter andünsten, würzen und nach Wunsch pürieren. Das Biobin mit der Crème fraîche vermengen und unter den Mangold rühren. Getreide und Mangold schichtweise in eine gefettete Auflaufform geben, geriebenen Käse darüberstreuen und bei 200 Grad circa 20 Minuten überbacken.

Dazu passen frischer Salat oder auch Tomaten, sofern diese vertragen werden.

Quinoa-Auflauf pikant

1½ Tassen Quinoa · 3½ Tassen Wasser
1 TL Vollmeersalz · 1 Knoblauchzehe · 1 Stange Lauch
2 Tomaten · 100 g geriebener Käse · ½ Becher Sahne
1 gehäufter TL Lecithin · Muskat · Salz · Thymian
Butterflöckchen

Quinoa mit Wasser und Salz zum Kochen bringen und bei geschlossenem Topf und geringer Hitze circa 20 Minuten garen. Den in Streifen geschnittenen Lauch mit dem gewürfelten Knoblauch kurz in Butter andünsten, die Tomaten überbrühen, häuten und in Scheiben schneiden. Sahne mit Lecithin und Gewürzen verrühren. Schichtweise Quinoa, Lauch, Tomaten und Schafkäse in eine gefettete Auflaufform geben und alles mit der Sahnesauce übergießen. Butterflöckchen obenauf setzen und den Auflauf bei 200 Grad circa 20—30 Minuten backen.

Kohlrabi-Möhren-Auflauf

3 Kohlrabi · 300 g Möhren · 4 EL Öl
¼ l Gemüsebrühe · 100 g Zwiebel · 1 Knoblauchzehe
100 g Sojahackflocken (Reformhaus)
ca. ¼ l Gemüsebrühe · 30 g Tomatenmark
½ TL Vollmeersalz · 2 EL gemischte und gehackte Kräuter
etwas Fett für die Sojahacksauce
1 Rezept Béchamelsauce (siehe Seite 65)

Kohlrabi in Stifte, Möhren in Würfel schneiden und im heißen Öl andünsten, mit der Gemüsebrühe aufgießen, Herdplatte ausschalten und circa 10 Minuten garen.

Das Sojahack mit der Gemüsebrühe übergießen und 15 Minuten quellen lassen. Zwiebel und Knoblauchzehe fein würfeln, in etwas heißem Fett anbräunen, Sojahack, Tomatenmark, Salz und Kräuter zugeben, 5 Minuten dünsten.

1 Rezept Béchamelsauce (siehe Seite 65) herstellen.

Gemüse, Sojahack und Béchamelsauce schichtweise in eine gefettete Auflaufform füllen, mit Butterflöckchen belegen und bei 200 Grad circa 30 Minuten backen.

Getreide- und Kartoffelgerichte

Gefüllte Hirsepfannkuchen

Für den Teig:
250 g Hirsemehl · 400 ml Sojamilch
3 EL Sojamehl oder 3 TL Lecithin · 1 Prise Vollmeersalz
1 Tasse Mineralwasser · Fett zum Ausbacken
Für die Fülle:
250 g frische Champignons · 1 Zwiebel
1 Knoblauchzehe · 1 Bund Petersilie · 30 g Sauerrahmbutter
1 TL Gemüsebrühextrakt · etwas Sahne
geriebener Käse zum Überbacken

Den Pfannkuchenteig herstellen und $\frac{1}{2}$ Stunde quellen lassen.
Die Fülle vorbereiten: Champignons waschen, häuten, fein schneiden, Zwiebel würfeln, Petersilie waschen und wiegen. Butter in der Pfanne erwärmen, Knoblauch und Zwiebeln andünsten, Champignons zugeben, mitdünsten. Zuletzt Petersilie und Brühe zufügen, mit etwas Sahne aufgießen. Einen Deckel darauflegen und die Herdplatte ausschalten.
Dünne Pfannkuchen ausbacken, mit der Champignonfülle bestreichen, aufrollen und nebeneinander in eine gebutterte Auflaufform legen. Mit Butterflöckchen und Käse bestreuen und circa 20 Minuten bei 225 Grad überbacken.
Dazu passen gedünsteter Rosenkohl oder Broccoli.

Dampfnudeln

500 g Weizen- oder Dinkelvollkornmehl
1 Würfel Hefe · 1 Prise Salz · 200 ml warmes Wasser
75 g Birnendicksaft · 75 g flüssige Sauerrahmbutter · 125 g Sahne
FÜR DIE REINE ODER DEN TOPF:
50 g Sahne · 100 g Wasser · 50 g flüssige Sauerrahmbutter
50 g Birnendicksaft

Mehl in eine Schüssel geben, in die Mitte eine Vertiefung drücken und die in Wasser aufgelöste Hefe mit dem Salz von der Mitte her einrühren. Zuletzt den Teig gut durchkneten, bis er sich vom Schüsselrand löst. Mit Mehl bestäuben und zugedeckt 15 Minuten gehen lassen.

Birnendicksaft, Butter und Sahne unterkneten — der Teig darf ruhig etwas weicher sein. Nochmals zugedeckt 40 Minuten gehen lassen. Sahne, Wasser, Butter und Birnendicksaft vermischen und in einen Topf oder eine Reine geben. Den Backofen auf 175 Grad vorheizen, die Reine schon ins Rohr stellen, damit die Sahnesauce heiß wird. Den Hefeteig mit zwei Eßlöffeln portionsweise in die Reine setzen, Deckel darauflegen (wenn Sie keinen haben, so genügt eine rundherum gut abgedichtete Alufolie) und bei 175 Grad 40—45 Minuten backen. Öffnen Sie den Deckel nicht in den ersten 30 Minuten, sonst fallen die Dampfnudeln zusammen. Bei der Verwendung von Alufolie denken Sie daran, daß die Folie nach oben hin noch Platz läßt. Also lockerer auflegen und trotzdem den Rand gut schließen.

Dazu gibt es Vanillesauce (siehe Seite 77).

Kartoffelpuffer

---

750 g Kartoffeln · 2 kleine Zwiebeln

---

1 Prise Vollmeersalz · 100 g Vollkornmehl

⅛ l Sojamilch oder Mineralwasser · 1 TL Lecithin

Kartoffeln schälen, waschen und mit der geschälten Zwiebel in der Küchenmaschine oder von Hand reiben. Salz, Mehl, Lecithin und die Flüssigkeit mit einrühren und ½ Stunde quellen lassen. Mit dem Eßlöffel 4 Portionen in die Pfanne geben und die Puffer bei mittlerer Hitze von beiden Seiten goldgelb ausbraten. Sehr gut eignet sich dazu auch das Waffeleisen, man benötigt zudem weniger Fett zum Ausbacken.

Hafergrütze mit Erbsen

---

2 EL Sauerrahmbutter · 1 Zwiebel · 1 Knoblauchzehe

---

5 EL Hafergrütze · 2 TL Gemüsebrühextrakt

Wasser zum Aufgießen · Kräutersalz

---

200 g Erbsen (tiefgekühlt oder frisch) · 3 EL Crème fraîche

Die gewürfelte Zwiebel und die zerdrückte Knoblauchzehe in heißer Butter andünsten, Hafergrütze, Brühe sowie Wasser zugeben und aufkochen. Tiefgefrorene oder blanchierte frische Erbsen unterrühren und mit Salz und Crème fraîche abschmecken.

Roggenpflanzerl

1 Stange Lauch · 1 Zwiebel · 2 EL Butter

½ l Gemüsebrühe · 200 g grobgeschroteter Roggen

1 TL Senf (achten Sie auf die Zutatenliste!)

2 TL Lecithin · Kräutersalz

*evtl. Knoblauch, Majoran, Thymian, Schnittlauch,
ungehärtetes Kokosfett*

Feingehackten Lauch und Zwiebel mit der heißen Brühe übergießen, den Roggen zugeben und aufkochen. Die Herdplatte ausschalten und das Getreide 15 Minuten ausquellen lassen. Die restlichen Zutaten unter die abgekühlte Masse rühren und abschmekken. Pflanzerl (wie Hacksteaks) formen und in der Pfanne mit Kokosfett herausbraten.

Buchweizennockerl

200 g Buchweizen · gut ½ l Wasser (Verhältnis 1:2,5)

Vollmeersalz · Muskat · Oregano · 1 EL Tomatenmark

1–2 EL Crème fraîche · ungehärtetes Kokosfett oder Pflanzenöl

Buchweizen mit dem Wasser und Salz zum Kochen bringen, auf
ausgeschalteter Herdplatte ausquellen, dann abkühlen lassen,
restliche Zutaten zugeben, gut abschmecken und mit zwei Eßlöffeln, die immer wieder in kaltes Wasser getaucht werden, Nockerl
formen. Diese Nockerl in Fett von allen Seiten herausbraten.

Dazu paßt ein *Blumenkohl-Kartoffel-Gratin:*
Rohe, in Scheiben geschnittene Kartoffeln und gewaschene Blu-
menkohlröschen schichtweise in eine gefettete feuerfeste Form

legen. Etwas Crème fraîche mit Salz, Muskat und Kümmel verrühren und über die Kartoffeln streichen. Bei 200 Grad circa 45—60 Minuten backen. Sie können auch noch geriebenen Käse darüberstreuen.

Spinatklöße

300 g fertiger Spinat oder Mangold, püriert oder feingeschnitten
3 EL gehackte Petersilie oder Schnittlauch
100 g geriebener Käse, z.B. Pecorino (= Schafkäse)
150 g gemahlener Dinkel und Grünkern gemischt
Vollmeersalz · etwas Muskat · evtl. 1 Knoblauchzehe

Den Spinat (oder Mangold) in eine Schüssel geben und mit den restlichen Zutaten zu einem Teig verrühren bzw. kneten, mindestens 15 Minuten quellen lassen. Sollte der Teig zu weich oder zu fest sein, geben Sie noch etwas Grieß oder Flüssigkeit hinzu. Mit feuchten Händen Klöße formen und im siedenden Salzwasser 10 Minuten kochen. Auf einer Platte anrichten, mit gerösteten Zwiebelringen oder Lauchstreifen garnieren.

Dazu paßt ein mit Sojamilch, Sauerrahmbutter und Salz angerührter Kartoffelbrei. Sie können auch eine Béchamel- oder Tomatensauce dazu reichen (siehe Seiten 65 und 76).

Getreidepflanzerl

125 g ganzes Getreide (Grünkern, Dinkel, Weizen, Hirse, Hafer)
¼ l Wasser · 2 TL Gemüsebrühextrakt
250 g gemahlenes Getreide (Grünkern, Dinkel, Weizen, Hirse, Buchweizen)
gut ½ l Gemüsebrühe · 1 Bund Suppengrün (außer Sellerie)
1 kleine Zwiebel · 2 Knoblauchzehen
4 TL Oregano · 1 EL Tamari (Sojasauce)
50 g Vollkornbrösel oder -grieß · Fett zum Ausbacken

Grünkern oder anderes Getreide über Nacht im Wasser einweichen. Im Einweichwasser und dem Gemüsebrühextrakt 30 Minuten kochen und 20 Minuten ausquellen lassen. Die Garzeit be-
zieht sich auf den Grünkern — die anderen Getreidesorten haben
eine kürzere Garzeit.

Gemahlenes Getreide mit der Gemüsebrühe und dem feingeschnittenen Suppengrün zum Kochen bringen und bei mäßiger
Hitze ausquellen, dann etwas abkühlen lassen. Feingeschnittene
Zwiebel, Knoblauch und Gewürze zugeben. Zuletzt die gekochten ganzen Körner einarbeiten.

Aus dem Teig mit feuchten Händen Pflanzerl (Frikadellen) formen, in Vollkornbröseln oder -grieß wenden und auf beiden Seiten in Butter oder Öl ausbacken.

Dazu gibt es Kartoffelsalat und frische Blattsalate. Die Getreidepflanzerl schmecken auch sehr gut kalt zur Brotzeit.

Grießpuffer

---

125 g Dinkel- oder Weizengrieß · 125 g Weizenmehl

1 TL Lecithin · 1 EL Sojamehl · Vollmeersalz

¼–½ l Sojamilch · Pflanzenfett zum Ausbacken

Alle Zutaten in einer Schüssel verrühren und mindestens 1 Stunde quellen lassen. Eventuell noch etwas Flüssigkeit einrühren. Sie können auch Mineralwasser nehmen, der Teig wird damit etwas lockerer.

Mit einem Eßlöffel 4 Portionen in eine Pfanne geben und die Puffer von beiden Seiten goldgelb ausbacken.

Dazu paßt Zwetschgen-, Apfel- oder auch Birnenmus.

Buchweizengericht

---

200 g Buchweizen ganz · 1 Zwiebel oder 1 Stange Lauch

2 EL Öl · ½ l Gemüsebrühe · 2 EL Schnittlauch oder Petersilie

50 g geriebener Käse, z. B. Pecorino (Schafkäse)

Den Buchweizen in einem Sieb kalt abwaschen. Die gewürfelte Zwiebel bzw. den in Streifen geschnittenen Lauch in etwas Öl andünsten, Buchweizen zugeben und mitdünsten; die Brühe angießen. Einmal aufkochen und 20 Minuten bei geringer Hitze ausquellen lassen. Die gehackten Kräuter und den geriebenen Käse unterheben und anrichten.

Dazu passen Gemüse wie Broccoli, Rosenkohl oder Möhren und natürlich auch frischer Salat. Nachdem es bei uns fast täglich als Vorspeise Rohkost gibt, erwähne ich den Salat als Beilage nicht immer. Kinder essen das Gericht gern mit einer Tomatensauce (siehe Seite 76).

Soja-Gerichte

Tofu-Geschnetzeltes

---

200 g Tofu · 1–2 EL Vollkornmehl · 2 Stangen Lauch

2 Knoblauchzehen · 2 EL ungehärtetes Kokosfett

2 EL Tomatenmark · 1 EL Tamari · Kräutersalz

¼ l Gemüsebrühe · 2 EL Crème fraîche

frische Kräuter nach Belieben

Tofu trockentupfen, in Streifen schneiden, mit Mehl bestäuben, mit Kräutersalz bestreuen. Das Fett erhitzen, den Tofu darin anbraten, feingeschnittenen Lauch und Knoblauch zugeben, mitbräunen. Tomatenmark, Tamari und Gewürze unterrühren, mit der Brühe aufgießen, bei geringer Hitze 15 Minuten garen, dabei eventuell Flüssigkeit nachgießen. Mit Crème fraîche und frischen Kräutern abschmecken.

Dazu passen Petersilienkartoffeln oder Vollreis und Blattsalate mit Sesam und Sprossen.

Makkaroni mit Tofusauce

300 g Vollkornmakkaroni · Salzwasser

FÜR DIE SAUCE:

250 g Tofu · ¼ l warmes Wasser

1 TL Gemüsebrühextrakt · 2 EL Tomatenmark

1 Knoblauchzehe · 1 kleine Zwiebel

je ½ TL Oregano und Thymian

geriebener Schafkäse (Pecornio)

Die Makkaroni in Salzwasser garen.
Alle Zutaten für die Sauce pürieren, einmal aufkochen und circa
5 Minuten gar ziehen lassen. Die Sauce gut abschmecken, eventuell
Kräuter zufügen und sofort über die heißen Makkaroni geben.
Reichen Sie dazu frisch geriebenen Käse und einen Salat Ihrer
Wahl. Gut paßt ein Eissalat mit geriebenen Möhren und einem
Essig-Öl-Dressing.

Tofu-Gemüsepflanzerl

250 g Tofu · 1 Stange Lauch · ½ Möhre · ¼ Kohlrabi

frische Kräuter, z. B. Bohnenkraut, Thymian, Dill oder Basilikum

Vollmeersalz · evtl. 1 Knoblauchzehe

60 g Weizen- oder Dinkelgrieß · Fett zum Ausbacken

geriebener Käse (Pecornio)

Den Tofu mit einer Gabel gut zerdrücken und in eine Schüssel geben. Den Lauch waschen und fein hacken, Möhre und Kohlrabi
waschen, putzen und reiben. Alle Zutaten in der Schüssel vermengen und gut abschmecken. Mit den Händen gleichmäßige

Pflanzerl (Frikadellen) formen und von beiden Seiten in der Pfanne herausbraten. Lassen Sie das Fett nicht zu heiß werden, sonst werden sie zu schnell braun. Die fertigen Pflanzerl auf einer Platte mit Salatblättern und Radieschen oder Tomaten anrichten und zuletzt den Schafkäse darüberreiben.

Panierte Tofuschnitzel

500 g Tofu · Sojasauce · Vollkornmehl
2 TL Lecithin · ¼ Becher Sahne-Wasser-Gemisch
2 EL feingeriebener Schafkäse (Pecorino) · Vollkornbrösel
Kräuter nach Wahl · ungehärtetes Kokosfett

Den Tofu in gut 1 cm dicke Scheiben schneiden und für circa 15 Minuten in die Sojasauce einlegen, mehrmals wenden. Lecithin und Sahne-Wasser-Gemisch verrühren, Salz und Käse dazufügen und auf einen Teller geben. Die Tofuscheiben nacheinander im Vollkornmehl, im Sahnegemisch und zuletzt in den Vollkornbröseln wenden. Die Tofuschnitzel werden in heißem Kokosfett knusprig braun gebraten.

Dazu passen Kartoffel- und Blattsalat, Kinder mögen gerne Tomatenketchup (siehe Seiten 103/104) dazu.

Überbackener Tofu
mit Gemüse

250 g Tofu · 1 Aubergine · 1–2 Zucchini

1 Zwiebel · 2 Knoblauchzehen · frischer Thymian

Vollmeersalz · 1 Becher Crème fraîche

100 g geriebener Schafkäse (Pecorino)

etwas Muskat · Butterflöckchen

Aubergine und Zucchini waschen, die Enden abschneiden, die Früchte in $\frac{1}{2}$ cm dicke Scheiben schneiden. Zwiebel und Knoblauch fein würfeln. Die Gemüsescheiben in heißem Kokosfett oder Öl von beiden Seiten braten, zuletzt auch die Zwiebel und den Knoblauch. Den Tofu in 1 cm dicke Scheiben schneiden und schuppenförmig mit dem Gemüse in eine gefettete Auflaufform schichten. Zwiebel und Knoblauch darübergeben. In einer Schüssel Crème fraîche, etwas Wasser, den geriebenen Käse, Salz und Muskat zu einer schmackhaften Sauce zusammenmischen und über das Gemüse ziehen. Zuletzt kommt der Thymian darauf und ein paar Butterflöckchen. Den Auflauf im vorgeheizten Backofen circa 30 Minuten bei 200 Grad backen.

Gedünsteter Blumenkohl
mit Sojahacksauce

---

1 Blumenkohl · 1 Möhre zum Garnieren

750 g Kartoffeln für den Kartoffelbrei

¾ l Wasser · Vollmeersalz

FÜR DIE SAUCE:

1 Stange Lauch · ¾ l Blumenkohlsud

100 g Sojahack aus dem Reformhaus · 1 Gemüsebrühwürfel

2 EL Crème fraîche · frische gehackte Kräuter

Das Gemüse waschen, putzen, schälen und zusammen im Dämpfer oder Dampfdrucktopf bißfest garen. Die Kartoffeln weich kochen und zu Brei rühren. Die Möhre in Scheiben schneiden, den Blumenkohl im ganzen in einer Schüssel, eventuell mit Streuseln aus Semmelbröseln und Butter anrichten.

Für die Sauce den feingeschnittenen Lauch in etwas Öl andünsten, mit dem Blumenkohlsud aufgießen, Sojahack und Gemüsebrühwürfel zugeben und auf ausgeschalteter Herdplatte 10 Minuten dünsten. Mit Crème fraîche und frischen Kräutern abschmecken.

Rohkostsalate

Verschiedene Dressings

Essig-Öl-Dressing

2 EL Apfel- oder Obstessig · Kräutersalz
evtl. Pfeffer und Knoblauch · etwas Birnendicksaft
4 EL kaltgepreßtes Öl

Alle Zutaten gut miteinander verquirlen, individuell abschmekken.

Joghurt-Dressing

1 Becher Joghurt natur · 2 EL Crème fraîche
1 EL Apfelessig · 1 EL kaltgepreßtes Öl
Birnendicksaft nach Geschmack
Kräutersalz · evtl. Knoblauch
Kräuter nach Wahl, frisch, tiefgefroren oder getrocknet

Alle Zutaten miteinander verquirlen, abschmecken.

Sahne-Dressing I. Art

4 EL Sahne · 2 EL Apfelessig · 1 EL kaltgepreßtes Öl

Birnendicksaft nach Geschmack · Vollmeersalz

gemischte Kräuter, möglichst frisch

Alle Zutaten innig miteinander verrühren, fein abschmecken.

Sahne-Dressing II. Art

4 EL Sahne · 2 EL Apfelessig

1 EL Öl nach Geschmack · Kräutersalz

1 TL Kräutersenf (auf die Zutaten achten!)

evtl. Knoblauch · frische Kräuter nach Wahl

Alle Zutaten gut miteinander verquirlen, abschmecken.

Sahne-Dressing III. Art

4 EL Sahne · 2 EL Apfelessig

1 EL kaltgepreßtes Öl · Birnendicksaft nach Geschmack

Kräutersalz · 1 EL Tomatenmark

1 TL Senf mild (z. B. von Neuco, aus dem Reformhaus)

Basilikum · Oregano · Thymian

Alle Zutaten innig miteinander verquirlen, abschmecken.

Mayonnaise

---

1 EL Maismehl · 1 Meßlöffel Biobin

---

1 EL Apfelessig · 1 TL Senf mild · Vollmeersalz

---

evtl. Süßungsmittel · 100 ml Sojamilch

⅛ l kaltgepreßtes Öl

Alle Zutaten bis auf das Öl mit dem Handrührgerät verrühren.
Tropfenweise das Öl unterrühren und gut verquirlen. Abschmekken und in einem Schraubglas im Kühlschrank aufbewahren.

Tomatenketchup I. Art

---

3 EL Tomatenmark · 1 EL Apfelsaft naturtrüb

---

2 EL Apfelessig · 1 EL Sojamehl oder 1 TL Lecithin

Vollmeersalz · 2–3 EL Birnendicksaft · 4 EL kaltgepreßtes Öl

Alle Zutaten bis auf das Öl mit dem Handrührgerät verrühren,
zuletzt das Öl langsam unterrühren, abschmecken und im Schraubglas im Kühlschrank aufbewahren.

Tomatenketchup II. Art,
für ganz Eilige

---

2 EL Tomatenmark

---

2 EL neutrales Soja-Dessert von Nuxo (Reformhaus)

1–2 EL Birnendicksaft · 1 TL Apfelessig · Vollmeersalz

In ein paar Minuten ist dieses Ketchup fertig: einfach die Zutaten
in einem kleinen Schraubglas zusammenmischen. Sie können das
Ketchup im Kühlschrank ein paar Tage aufbewahren.

Rote Apfelrohkost

---

1 kleine rote Bete · 2 große Äpfel · 3 EL Kresse

---

2 EL Radieschensprossen · 1 Msp Muskat · etwas Kümmel

Rote Bete und Äpfel schälen und fein reiben. Ein Joghurtdressing
(siehe Seite 101) ohne Kräuter und Knoblauch herstellen. Die
Sprossen gut abwaschen und alle Zutaten vermischen.

Endiviensalat
mit gerösteten Kernen

---

1 Kopf Endiviensalat · 2 EL Sonnenblumenkerne

---

2 EL Kürbiskerne

Die Kerne in trockener Pfanne kurz anrösten und abkühlen lassen, Salatblätter unter fließendem Wasser waschen, in feine Strei-

fen schneiden. Ein Sahne-Dressing I. Art (siehe Seite 102) herstellen, den Salat damit anmachen und mit den Kernen bestreuen.

Rohkost mit Sprossen

2 große Möhren · 1 Banane · 1 Tasse Alfalfa-Sprossen

1 Tasse Kresse · frische Basilikumblätter

Sprossen in einem Sieb kalt abwaschen, abtropfen lassen. Möhre grob oder fein raspeln, Banane in dünne Scheiben schneiden. Sahne-Dressing I. Art (siehe Seite 102) oder Joghurt-Dressing herstellen, Rohkost in Glasschälchen anrichten.

Mangold-Rohkost

100 g frischer Mangold · 100 g Endiviensalat

1 kleine Möhre · evtl. 2 EL gewürfelter oder geraspelter Sellerie

2 EL Kürbiskerne

Gemüse gut waschen, schälen, Endiviensalat und Mangold in feine Streifen schneiden, Möhre und Sellerie raspeln. Essig-Öl-Dressing oder Sahne-Dressing II. Art (siehe Seite 102) herstellen und über den gemischten Salat gießen. Mit den Kürbiskernen garnieren.

Gurken-Rohkost

½ Salatgurke · 1 kleiner Rettich · ½ Kohlrabi

---

frischer Borretsch, evtl. Borretschblüten

Gemüse waschen, schälen und raspeln. Essig-Öl-Dressing (siehe Seite 101) herstellen. Mit Gurkenkraut (Borretsch) anrichten. Sie können auch die Blüten des Gurkenkrauts zum Garnieren verwenden und essen. Ein außergewöhnlicher Effekt!

Chinakohl mit Sprossen

---

6 Blätter Chinakohl · 3 EL geschnittenes Blaukraut (Rotkohl)

---

3 EL Mungobohnensprossen

---

1 EL Sesamsprossen oder 1 EL gerösteter Sesam

---

2 EL Alfalfa-Sprossen

Chinakohl waschen und in Streifen schneiden. Blaukraut sehr fein hobeln, Sprossen gut abwaschen, die Mungobohnensprossen kurz in Wasser aufkochen und kalt überbrausen. Essig-Öl-Dressing (siehe Seite 101) herstellen und den Salat damit anmachen.

Eissalat

---

1 Kopf Eissalat · 1 kleine Möhre · 4 Radieschen

Den Eissalat waschen, zerpflücken, die Möhre raspeln, gewaschene Radieschen in Scheiben schneiden. Essig-Öl-Dressing oder Sahne-Dressing I. Art (siehe Seiten 101/102) herstellen und den Salat damit anrichten.

Rettich-Blaukraut-Rohkost

---

1 kleiner Rettich · 4 EL Blaukraut (Rotkohl)

1 Apfel · 2–3 EL Mandeln, gehackt oder blättrig geschnitten

2 EL Radieschensprossen

Den Rettich schälen und raspeln, das Blaukraut fein hobeln, den Apfel raspeln, die Sprossen kalt überbrausen. Sahne-Dressing I. Art, Joghurt-Dressing oder Essig-Öl-Dressing (siehe Seiten 101/102) herstellen und den Salat damit anrichten.

Chinakohlrohkost mit Ananas

---

6 Blätter Chinakohl · 1 großer Apfel · ½ frische Ananas

2 EL Mandeln, gehackt oder gemahlen · Zitronenmelisse

Den Chinakohl waschen und in Streifen schneiden, Apfel und Ananas würfeln. Joghurt-Dressing oder Mayonnaise (siehe Seiten 101/103) herstellen und die Rohkost damit vermischen. Mit Zitronenmelisseblättern garnieren.

Tomaten-Fenchel-Rohkost
auf Blattsalat

---

4 reife Tomaten · 1–2 Fenchelknollen · ½ Kopfsalat

Fenchel waschen und in feine Streifen schneiden, Tomaten achteln, Kopfsalat waschen und in mundgerechte Blätter zerteilen. Essig-Öl-Dressing oder Sahne-Dressing II. Art (siehe Seite 101/102) herstellen. Die Salatsauce über Fenchel und Tomaten träufeln, die auf Blattsalat angerichtet wurden. Mit frischen Basilikumblättern garnieren.

Eissalat mit Sprossen und Kernen

½ Kopf Eissalat · 4 EL Blaukraut · ¼ Salatgurke

je 1 EL Sesam und Sonnenblumenkerne

2 EL Radieschensprossen · 1 EL Kresse · Schnittlauch

Eissalat waschen und in mundgerechte Stücke zupfen, Blaukraut fein hobeln, Gurke in Würfel schneiden, Sprossen gut abwaschen, Sesam und Sonnenblumenkerne kurz anrösten. Essig-Öl-Dressing (siehe Seite 101) herstellen und den Salat damit anmachen.

Nachspeisen

Pflaumencreme

2 Becher Joghurt natur · 3 EL Birnendicksaft
3 Meßlöffel Biobin · 1 TL Lecithin · ½ Becher Sahne
3 EL Pflaumenmus (ca. 6 pürierte Pflaumen)
Kokosflockenchips zum Garnieren

Die Sahne steif schlagen. Die restlichen Zutaten verrühren und abschmecken. Zuletzt die Sahne unterheben, die Creme in Glasschälchen füllen und garnieren. Für mindestens ½ Stunde kalt stellen, damit sie nachdicken kann.

Cashewnuß-Creme

½ Becher Sahne · 2 Becher Joghurt natur
2 Meßlöffel Biobin · 1 TL Lecithin
1 Msp Vanillepulver · 2 EL Cashewnußmus · 1 Banane
Birnendicksaft nach Geschmack
gehackte Pistazien und Cashewkerne zum Garnieren

Die Sahne steif schlagen. Alle Zutaten, einschließlich der Banane, mit dem Handrührgerät verrühren, abschmecken und die Sahne unterheben. In Schälchen füllen, garnieren und für ½ Stunde kalt stellen.

Grüne Grütze

¾ l Apfelsaft naturtrüb · 1 Msp Vanillepulver
---
1 EL Birnendicksaft · 1 gehäufter EL Agar-Agar
---
2 Kiwis oder einige Weintrauben

Kiwi schälen, in Scheiben schneiden und in flache Glasschälchen verteilen. Die Weintrauben halbieren, entkernen und ebenso verteilen. Den Apfelsaft mit den restlichen Zutaten einmal aufkochen, zur Seite stellen und etwas abgekühlt, aber noch warm über die Früchte gießen und im Kühlschrank gelieren lassen. Die fertige Grütze mit Sahnetupfern garnieren oder eine Vanillesauce (siehe Seite 77) dazu servieren.

Rote Grütze

---
250 g Beeren · 4 EL Birnendicksaft
---
2 TL Agar-Agar · ⅛ l Wasser

Die Beeren waschen, putzen und mit dem Wasser pürieren. In einen Topf gießen und das Agar-Agar zugeben. Langsam erhitzen, bis es dampft und einmal aufgekocht hat. Den Topf von der Herdplatte nehmen und zugedeckt 5 Minuten stehenlassen. Die Grütze in eine kalt ausgespülte Schüssel oder Schälchen füllen und circa 2 Stunden gekühlt gelieren lassen. Bei Schälchen dauert es weniger lange. Vor dem Servieren stürzen und mit Sahne garnieren. Dazu paßt auch eine Vanillesauce (siehe Seite 77).

Mandelpudding

---

1 Packung Vanille-Puddingpulver (Naturkostladen)

$\frac{1}{2}$ l Sojamilch · 2–3 EL Birnendicksaft

je 1 EL Sesam, Sonnenblumenkerne, gehackte Mandeln

geröstete Kerne zum Garnieren

nach Belieben $\frac{1}{2}$ Becher Schlagsahne

Pudding nach Anleitung kochen und unter wiederholtem Rühren im Wasserbad erkalten lassen. Die Ölsaaten und Mandeln in einer trockenen Pfanne leicht rösten und abgekühlt unter den Pudding rühren. In Glasschälchen füllen und mit ein paar gerösteten Kernen garnieren. Den Pudding kann man auch verfeinern, indem man etwas steifgeschlagene Sahne unterhebt.

Joghurtcreme mit roter Bete

---

2 Becher Joghurt natur · 1 Becher Sauerrahm

3 Meßlöffel Biobin · Süßungsmittel nach Geschmack

1 geraspelter Apfel · 1 kleine geriebene rote Bete, gegart

ZUM GARNIEREN:

Melissenblätter · Pistazien

Joghurt, Sauerrahm, Biobin und Honig oder Dicksaft verrühren, den Apfel und die rote Bete unterheben, in Schälchen füllen und für mindestens $\frac{1}{2}$ Stunde in den Kühlschrank stellen, damit die Creme fest wird. Mit Pistazien und Melissenblättern garnieren.

Süßes Kartoffeldessert

(Resteverwertung)

---

250 g Sahnequark · 2 Bananen · 2 gekochte Kartoffeln

2 EL Apfelsaft · Birnendicksaft nach Geschmack

Sojamilch oder Sahne-Wasser-Gemisch nach Bedarf

ZUM GARNIEREN:

geröstete Mandelblättchen oder gehackte Pistazien
oder Pinienkerne

Gekochte Kartoffeln schälen und mit den Bananen zerdrücken. Quark mit den restlichen Zutaten vermischen und die Kartoffelmasse unterrühren. Abschmecken, in Schälchen füllen und garnieren.

Joghurtcreme mit Trockenfrüchten

---

30 g Sauerrahmbutter · 1 TL Lecithin

75 g Birnendicksaft · 1¼ Becher Joghurt natur

½ Becher Crème fraîche · 1 TL Biobin

200 g Trockenfrüchte, z. B. Äpfel, Pflaumen,
Birnen, Feigen, Rosinen

2 geraspelte Äpfel · 2 EL gemahlene, geröstete Mandeln

Trockenfrüchte nach Wahl für einige Stunden einweichen und pürieren. Butter, Lecithin und Birnendicksaft schaumig rühren, restliche Zutaten daruntermischen. Das Früchtemus unterrühren und zuletzt die Äpfel und Mandeln darunterheben, abschmecken, in Schälchen füllen und mit gerösteten Mandeln garnieren.

Hafercreme mit Quark

150 g Hafer ganz · 250 ml Wasser
120 g Trockenfrüchte · 3–4 TL Birnendicksaft
2 EL Quark · 2 EL Joghurt natur
100 ml Sahne · ¹⁄₂ TL Vanillepulver
¹⁄₂ TL Delifrut (Gewürzmischung für Süßspeisen, aus dem Reformhaus)

Den Hafer für mindestens 4 Stunden im Wasser einweichen. Im Einweichwasser 40 Minuten kochen, abkühlen lassen und Birnendicksaft, Vanille und Delifrut zugeben. Die Trockenfrüchte mixen und mit Quark, Joghurt und Sahne zum Hafer geben, abschmekken und für 1 Stunde kalt stellen.

Gebackene Bananen

4 Bananen · 1 EL Sauerrahmbutter
etwas Vanillepulver · 2 EL Apfelsaft · evtl. Sesam

Die Bananen schälen, der Länge nach halbieren, Butter daraufstreichen und bei 200 Grad 10–15 Minuten backen. Mit Apfelsaft beträufeln und mit Vanille bestäuben.

Variante: Bei Sesamverträglichkeit können Sie die Bananen auch in Sesam wälzen, bevor Sie die Butter daraufgeben.

Mandelreis

100 g Vollkornreis (= 1 Kaffeetasse voll)

2 Tassen Wasser · 100 g Birnendicksaft · 2 TL Lecithin

2 EL gemahlene Mandeln · 50 g geröstete Mandelblätter

150 g Sahne

Den Reis mit dem Wasser zusetzen und bei geschlossenem Topf
so lange kochen, bis keine Flüssigkeit mehr da ist; abkühlen lassen.
Birnendicksaft und Lecithin schaumig rühren, Mandeln und den
Reis unterheben, zuletzt die steifgeschlagene Sahne darunterziehen und die Speise in Schälchen füllen. Mit Sahnetupfern und gerösteten Mandelblättern garnieren.

Hirsebrei

2 Tassen Hirse · 5 Tassen Wasser

1 Zimtstange · 1 Vanillestange · 1 Msp Vollmeersalz

150 g Birnendicksaft nach Geschmack

200 g Sahne · evtl. Sojamilch

Hirse mit Wasser und Gewürzzutaten zum Kochen bringen und
bei geschlossenem Topf garen, bis die Flüssigkeit weg ist; abkühlen lassen. Zimt- und Vanillestange entfernen. Birnendicksaft und
die steifgeschlagene Sahne unter den Hirsebrei heben, eventuell
etwas Sojamilch zugeben. Dazu gibt es Früchtekompott, das sich
farblich abhebt.

Polenta mit Himbeeren

½ l Sojamilch · 125 g Polenta (Maisgrieß fein)
50 g Sauerrahmbutter · Sahne nach Bedarf · 300 g Himbeeren
⅛ l Wasser · Birnendicksaft nach Geschmack
ZUM GARNIEREN:
Sahnetupfer oder Zitronenmelisseblätter

Wasser zum Kochen bringen, den Maisgrieß unter Rühren einstreuen und einmal aufkochen. Butter und Sahne unterrühren.
Gefrorene Himbeeren mit Wasser und Dicksaft kurz erwärmen.
Frische Himbeeren gut waschen, eventuell nachsüßen. Polenta
schichtweise mit den Himbeeren in Schälchen füllen und garnieren.

Äpfel mit Mandelreis

Eignet sich auch als süßes Hauptgericht, wenn davor eine Suppe
serviert wird.

10 Äpfel · ½ Tasse Rundkornreis
1 Tasse Wasser · 1 Prise Salz · 3 EL Birnendicksaft
50 g gehackte, geröstete Mandeln · 50 g Rosinen
2 Meßlöffel Biobin · etwas Wasser · 2 EL Sauerrahmbutter

Die Äpfel waschen, schälen, das Kernhaus herausstechen. Den
Reis garen und die restlichen Zutaten zugeben. Die Äpfel damit
füllen, in eine gebutterte Auflaufform geben, etwas Wasser zugießen und 15 Minuten bei 200 Grad backen.
Dazu eine Vanillesauce (siehe Seite 77) reichen.

Äpfel mit Melonensauce

1 Honigmelone · 1 Becher Joghurt · 50 g Sahne

2 EL Birnendicksaft · 2 Meßlöffel Biobin

150 g steifgeschlagene Sahne · 4 kleine Äpfel

etwas Marmelade zum Füllen

geröstete Mandeln oder Pistazien zum Garnieren

Die Äpfel im ganzen schälen, das Kernhaus ausstechen und nicht zu weich kochen; abkühlen lassen. Melone mit Joghurt, Sahne, Birnendicksaft und Biobin pürieren, die Hälfte der steifgeschlagenen Sahne unterheben. Die Äpfel in flachen Glasschälchen anrichten, mit Marmelade füllen, die Melonensauce darübergießen und mit Sahne und Mandeln garnieren.

Bananen-Joghurtspeise

2 Bananen · 1 Becher Joghurt · 1 Becher Sauerrahm

Birnendicksaft nach Geschmack · 2 Meßlöffel Biobin

½ Becher geschlagene Sahne

2 EL geröstete, gemahlene Mandeln

Bananen mit Joghurt, Sauerrahm und Birnendicksaft pürieren, Biobin und steifgeschlagene Sahne unterrühren, in Schälchen füllen und mit den Mandeln garnieren. Bis zum Gebrauch kühl aufbewahren.

Pflaumeneis

250 g Pflaumen · ¼ l Wasser oder Apfelsaft

1 Becher Joghurt natur · 1 TL Lecithin

Birnendicksaft nach Geschmack · etwas Sojamilch

150 g steifgeschlagene Sahne · 1 Msp Vanillepulver

1 TL Zimt

Frische Pflaumen pürieren, tiefgefrorene Pflaumen mit der Flüssigkeit etwas erwärmen und pürieren. Joghurt mit den restlichen Zutaten in einer Schüssel verrühren, Pflaumenmus und Sahne unterheben, abschmecken und in die Eismaschine, eine Gefrierbox oder in Eisformen füllen.

Sojaeis

¼ l Sojamilch · 200 g Tofu oder Seidentofu

4 EL Birnendicksaft · 1–2 Bananen · 50 g geschlagene Sahne

Alle Zutaten in einer Schüssel pürieren, zuletzt die Sahne unterheben, in Eisformen füllen und tiefgefrieren. Anstatt Bananen kann man auch 200 g Erdbeeren, Himbeeren, Brombeeren oder eine Fruchtmischung nehmen.

Kuchen und Gebäck

Obstkuchen (Rührteig)

---

150 g Sauerrahmbutter · 150 g Birnendicksaft

3 TL Lecithin · 1 Msp Vollmeersalz · 1 Msp Vanillepulver

150 g Weizenvollkornmehl · 100 g Hartweizenmehl

6 EL Sojamilch oder Mineralwasser

Für den Belag:

500–750 g Äpfel, Pflaumen, Zwetschgen oder Kirschen

Zimt und Birnendicksaft nach Bedarf

Für den Rahmguss:

150 g Sauerrahm · 50 g Birnendicksaft · etwas Zimt

Für die Streusel:

200 g Vollkornmehl · 1 TL Zimt · 100 g Sauerrahmbutter

Butter und Lecithin schaumig rühren, nach und nach den Birnendicksaft zugeben, nun die restlichen Zutaten einrühren – der Teig darf jedoch nicht zu weich sein. Den Teig in eine gefettete Springform füllen, mit dem Obst belegen und bei 180–200 Grad circa 25 Minuten backen. Den Rahmguß aufstreichen und weitere 20 Minuten backen. Anstatt des Rahmgusses können Sie auch vor dem Backen die Streusel aufstreuen und 45 Minuten backen.

Hefeobstkuchen mit Rahmguß

500 g Vollkornmehl
½ Würfel Hefe oder ½ Packung Trockenhefe
¼ l warmes Wasser · 80 g Sauerrahmbutter
80 g Birnendicksaft · 1 Prise Vollmeersalz
FÜR DEN BELAG:
50 g Sauerrahmbutter
1½–2 kg Obst wie Pflaumen, Zwetschgen, Äpfel, Birnen, Kirschen oder Beeren
3–4 EL Vollkornsemmelbrösel oder Vollkorngrieß
je nach Obstart Zimt, gehackte Mandeln, Sesam oder Sonnenblumenkerne
Rosinen für Apfelkuchen
FÜR DEN RAHMGUSS:
1 Becher Sauerrahm · 1 Becher geschlagene Sahne
Birnendicksaft nach Geschmack · 2 Meßlöffel Biobin
½ TL Zimt nach Geschmack

Hefe im warmen Wasser auflösen. Mehl in eine Schüssel geben und von der Mitte her die Hefe einrühren, bis ein dicklicher Brei entsteht. Mit Mehl bestäuben, abdecken und 10 Minuten gehen lassen. Die restlichen Zutaten einkneten und wiederum zugedeckt 20 Minuten gehen lassen. Den mittelfeinen Hefeteig leicht auswellen, auf gefettetem Backblech weiter ausrollen, Rand hochdrücken, den Teig mit zerlassener Butter bestreichen, bei sehr saftigem Obst mit Vollkornsemmelbröseln bestreuen, vorbereitetes Obst (schuppenförmig) gleichmäßig und dicht auflegen, Rosinen, Mandeln, Zimt oder anderes je nach Obstart daraufgeben und bei 200 Grad 10–15 Minuten backen. Den gut verrührten Rahmguß darübergießen und weitere 20–30 Minuten backen. Sie können

aber genauso auf den Rahmguß verzichten und den Hefe-Obst-
kuchen bei 200 Grad 30–40 Minuten backen.

Dieser Kuchen eignet sich — ob mit oder ohne Rahmguß — sehr
gut zum Tiefgefrieren.

Hefezopf mit Äpfeln und Rosinen

500 g Dinkelmehl
1 Würfel Hefe oder 1 Packung Trockenhefe
¼ l warmes Wasser · 80 g Sauerrahmbutter
80 g Birnendicksaft · 1 Prise Vollmeersalz
150 g ungeschwefelte Rosinen · 4 säuerliche Äpfel
ZUM BESTREICHEN:
Sahne-Wasser-Gemisch
ZUM BESTREUEN:
Mandelblättchen

Das Mehl in eine Schüssel geben und in die Mitte eine Mulde
drücken. Die Hefe im warmen Wasser auflösen und in die Mulde
gießen, einen kleinen Vorteig anrühren, mit etwas Mehl bestäuben und 15 Minuten gehen lassen, bis sich Bläschen bilden. Inzwischen die Rosinen mit kochendem Wasser übergießen und die
Äpfel schälen, in kleine Würfel schneiden und in 2 EL Vollkornmehl wenden. Die Butter schmelzen. Alle restlichen Zutaten, bis
auf die Äpfel, in den Teig arbeiten, gut durchkneten und nochmals zugedeckt 30 Minuten gehen lassen. Nun die Äpfel in den
Teig kneten. Für den Zopf den Teig in 3 gleich große Stücke teilen,
diese jeweils zu einer Rolle formen und auf dem vorbereiteten
Backblech zu einem Zopf flechten. Mit Sahne bestreichen und mit

Mandelblättchen bestreuen. Den Zopf bei 200 Grad circa 45 Minuten backen. Man kann ihn nach dem Backen noch mit einer hellen Glasur (siehe Seite 144) einstreichen.

Grundrezept: Mürbeteig

300 g Vollkornmehl · 125 g Sauerrahmbutter
100 g Birnendicksaft · 1 Msp Vollmeersalz
1 EL Sojamehl · 1 TL Backpulver

Alle Zutaten rasch zu einem Teig kneten und für ½ Stunde kalt stellen. Die oben angegebene Menge reicht gut für den Boden und den Rand einer Springform. Wenn Sie den Teig dünn genug ausrollen, so bringen Sie noch einen Deckel (für den gedeckten Apfelkuchen) beziehungsweise einen zweiten Boden heraus, den Sie dann als Vorrat tiefgefrieren können (als rohe Teigkugel) oder backen und dann tiefgefroren aufbewahren.

Gedeckter Apfelkuchen

1 Grundrezept Mürbeteig
FÜR DIE FÜLLE:
1 kg Äpfel · 50–75 g Birnendicksaft · 2 TL Zimt
100 g gemahlene Mandeln · 2 gehäufte EL Crème fraîche
2–3 EL Weizen- oder Dinkelgrieß zum Bestreuen des Teigbodens

Den Mürbeteig herstellen und ½ Stunde im Kühlschrank ruhen lassen.

Die Äpfel schälen, grob raspeln, mit den restlichen Zutaten in einer Schüssel mischen und zugedeckt durchziehen lassen.

Die Hälfte des Teiges zwischen zwei Folien auswellen, mit dem Ring der Springform den Deckel ausstechen und zur Seite legen. Mit dem restlichen Teig den Boden auswellen und einen 3 cm hohen Rand drücken. Den Weizengrieß auf den Teigboden streuen und mit der Apfelfülle belegen. Den Mürbeteigdeckel darauflegen und leicht am Rand festdrücken. Mit einer Gabel den Deckel ein paar Mal einstechen und mit Sahne bestreichen. Sie können auch noch Mandelblättchen aufstreuen. Bei 175 Grad circa 45 Minuten backen.

Käsekuchen mit Kirschen

1 Grundrezept Mürbeteig (siehe Seite 121)
FÜR DIE FÜLLE:
500 g Magerquark · ⅛ l Sojamilch
175 g Birnendicksaft · 3 EL Sojamehl · 3 Meßlöffel Biobin
1 Prise Vollmeersalz · ¼ TL Vanillepulver
⅛ l Mineralwasser · 1 Becher steifgeschlagene Sahne
350 g entsteinte Kirschen

Den Mürbeteig herstellen und für ½ Stunde in den Kühlschrank legen. Den Teig zwischen zwei Folien auswellen, eine Springform damit auskleiden, dabei einen 3-cm-Rand hochdrücken und bei 175 Grad 10 Minuten vorbacken. Achtung: Fetten Sie den Rand der Springform nicht ein, sonst passiert es, daß der Teigrand beim Backen abrutscht. Der Teig ist eigentlich fett genug.

Quark mit Sojamilch glattrühren, Birnendicksaft, Sojamehl, Biobin, Salz und Vanille zugeben, zuletzt das Mineralwasser einrühren. Die Sahne und die Kirschen vorsichtig unterheben und auf den vorgebackenen Mürbeteig geben. Bei 175 Grad noch 45 Minuten fertigbacken.

Käse-Sahne-Torte

FÜR DEN TEIG:
450 g Dinkelmehl · ¼ l warmes Wasser
1 Würfel Hefe oder 1 Packung Trockenhefe
60 g Sauerrahmbutter · 60 g Birnendicksaft
1 Prise Vollmeersalz
FÜR DIE FÜLLE:
150 ml Wasser · 1½ TL Agar-Agar · 3 TL Lecithin
250 g Birnendicksaft · 750 g Magerquark oder Tofu
500 ml steifgeschlagene Sahne

Hefe im warmen Wasser auflösen. Mehl in eine Schüssel geben und von der Mitte her die Hefe einrühren, bis ein dicklicher Brei entsteht. Mit Mehl bestäuben, zudecken und 10 Minuten gehen lassen. Die restlichen Zutaten einkneten (die Butter vorher immer zerlaufen lassen) und zugedeckt 30—40 Minuten gehen lassen. Den Teig nochmals durchkneten, in eine gefettete, bemehlte Springform füllen und bei 200 Grad circa 30 Minuten backen. Geben Sie den Teig in das kalte Rohr und schalten erst dann ein, kann er noch aufgehen, bevor die Backhitze erreicht ist. Auf einem Gitter auskühlen lassen, vorsichtig aus der Springform nehmen und mit einem Messer einmal quer durchschneiden.

Für die Fülle das Wasser mit dem Agar-Agar in einem Topf mischen, aufkochen und auf circa 45 Grad abkühlen lassen; immer wieder umrühren. Lecithin und Birnendicksaft schaumig rühren, Quark darunterrühren, die Geliermasse darunterziehen und zuletzt die Sahne unterheben. Einen Springformring um den Teigboden legen, die Fülle daraufstreichen und den Teigdeckel darüberlegen. Die Torte einige Stunden im Kühlschrank fest werden lassen, bevor Sie sie anschneiden oder aber für circa 1 Stunde ins Gefrierfach stellen. Da diese Torte sehr gehaltvoll ist, sollte sie natürlich besonderen Anlässen vorbehalten bleiben.

Müslibrötchen

Schmecken frisch am besten!

---

250 g Vollkornmehl · 50 g Vollkornschrot (Hafer/Weizen)

50 g Rosinen · 150 g gemahlene Mandeln

2 EL Sonnenblumenkerne · 150 g Crème fraîche · 1 TL Zimt

40 g Birnendicksaft, evtl. etwas mehr · 4 saftige Äpfel

1—2 EL Sojamilch

Rosinen heiß überbrühen, Ofen auf 175 Grad vorheizen. Äpfel waschen, schälen, Kernhaus herausschneiden und die Früchte raspeln.

Alle Zutaten gut miteinander verkneten, zu kleinen Brötchen formen und auf ein gefettetes Backblech legen. Bei 180 Grad circa 30 Minuten backen. Man kann die Brötchen noch warm mit einer hellen Glasur (siehe Seite 144) bestreichen.

Vollkornwaffeln

300 g Vollkornmehl · 200 g Sahne oder Sojamilch

¼ l Mineralwasser · 1 Prise Vollmeersalz

etwas Zimt oder Delifrut
(Gewürzmischung aus dem Reformhaus)

Süßungsmittel nach Bedarf

Alle Zutaten in einer Schüssel zu einem Teig verrühren und circa 1 Stunde quellen lassen. Das Waffeleisen mit Öl bepinseln, Teig einfüllen und das Gerät schließen. Die Temperatur sollte nicht zu hoch sein, da die Waffeln sonst zu schnell braun werden. Die Waffeln nach circa 3 Minuten herausnehmen und auf einem Gitter abkühlen lassen. Die Waffeln müssen immer frisch zubereitet werden, da sie schnell weich werden.

Man kann sie auch mit gesüßter Sahne bestreichen und mit frischem Beerenobst belegen. Ideal bei überraschendem Besuch!

Maiswaffeln

200 g Maismehl · 50 g Hirsemehl · 1 Msp Vollmeersalz

100 g Sauerrahm · 50 g Sauerrahmbutter · 2 TL Lecithin

100 g Birnendicksaft · ¼ l Mineralwasser

Alle Zutaten in einer Schüssel zu einem Teig verrühren und mindestens ½ Stunde quellen lassen. Das Waffeleisen mit Öl bepinseln, Teig einfüllen und das Gerät schließen. Bei mittlerer Temperatur circa 3 Minuten goldgelb backen und auf einem Gitter auskühlen lassen. Möglichst frisch verzehren.

Faschingskrapfen

Für ca. 25 Stück:

500 g Vollkornmehl · 40 g Hefe · 1 Prise Vollmeersalz

¼ l warmes Wasser · 40 g Sauerrahmbutter, geschmolzen

100 g Birnendicksaft · Öl zum Auswellen

500—750 g ungehärtetes Pflanzenfett zum Ausbacken

selbstgemachte Hagebuttenmarmelade oder
Pflaumenmus zum Füllen

Frischgemahlenes Vollkornmehl in eine Schüssel geben und in die Mitte eine Vertiefung drücken. Hefe in dem warmen Wasser auflösen und in der Mehlgrube zu einem dicklichen Brei rühren, mit Mehl bestäuben und zugedeckt 15 Minuten gehen lassen. Die restlichen Zutaten gut einkneten und zugedeckt nochmals 2½ Stunden gehen lassen. Je wärmer der Teig steht, um so kürzer die Gehzeit. Ich finde, wenn man den Hefeteig kalt gehen läßt, dann »hefelt« er nicht so stark. Je länger der Teig kalt gehen kann, desto weniger Hefe können Sie verwenden. Das ist wichtig für die Personen, die Hefe in größeren Mengen nicht so gut vertragen.
Den Hefeteig nochmals kräftig durchkneten und auf leicht geölter Arbeitsfläche 1 cm dick ausrollen. Krapfen mit einem Glas ausstechen und auf geölter Fläche zugedeckt 5—10 Minuten gehen lassen. Das Fett in einer Pfanne erhitzen, es darf nicht zu heiß sein, da die Krapfen sonst zu schnell braun werden und nicht gut aufgehen können. Legen Sie einen Probekrapfen ein. Wenn er nach einer Backzeit von 5 Minuten beidseitig goldgelb und gut aufgegangen ist, so hat das Fett die richtige Temperatur. Legen Sie nun einige Krapfen in das Fett ein und schließen Sie sofort den Topf bzw. die Pfanne. Öffnen Sie erst nach 2—3 Minuten, wenden Sie die Krapfen und backen Sie sie auf der Rückseite ebenfalls bei geschlossenem Topf, auch 2—3 Minuten. Mit einem Schaumlöffel

herausnehmen und auf einem Gitter abtropfen lassen. Mit einer Garnierspritze die noch warmen Krapfen mit der Marmelade Ihrer Wahl füllen. Sie können die Krapfen mit einer hellen Glasur (siehe Seite 144) versehen und sie eventuell noch in gemahlene Mandeln tauchen.

Weizenfreier Mürbeteig für Obstkuchen

80 g Sauerrahmbutter · 100 g Birnendicksaft
1 EL Lecithin · 150 g Hirsemehl · 50 g Reismehl
50 g Maismehl · ½ Packung Weinstein-Backpulver
4 EL Sojamilch · 4 EL Mineralwasser
FÜR DEN BELAG:
geachtelte Äpfel, halbierte Pflaumen oder Zwetschgen, Kirschen, Rosinen, Zimt oder Vanille, Süßungsmittel nach Geschmack, Mandelblätter oder gehackte Cashewkerne

Aus den Zutaten einen Mürbeteig kneten und für ¼ Stunde kalt stellen. Je nachdem, ob Sie einen gedeckten Obstkuchen machen oder einen einfachen, benötigen Sie den ganzen Teig oder nur etwa die Hälfte. Die 2. Hälfte können Sie dann als Vorrat einfrieren. Den Teig zwischen zwei Folien ausrollen und den Boden der Springform damit belegen. Den Springformrand herumlegen; eventuell können Sie noch einen dünnen Rand hochdrücken, muß aber nicht sein. Den Boden mit einer Gabel ein paar Mal einstechen und mit dem vorbereiteten Obst und den restlichen beliebigen Zutaten belegen. Bei 180–200 Grad circa 15 Minuten backen. Rahmguß aus 150 g Sauerrahm und 50 g Birnendicksaft, eventuell mit etwas Zimt gewürzt oder Sojamilch-Biobin-Mischung daraufgeben und weitere 20 Minuten backen. Wenn Sie auf den Guß verzichten wollen, so beträgt die Gesamtbackzeit circa. 30 Minuten. Wollen Sie einen gedeckten Obstkuchen backen, so benötigen Sie etwas mehr Fülle, der Teigdeckel kommt sofort darauf und die Backzeit verlängert sich auf 45 Minuten bei 175 Grad, siehe Rezept »Gedeckter Apfelkuchen« (siehe Seite 121).

Knäckebrot

Für ca. 16 Stück:

150 g Dinkelmehl · ¼ TL Vollmeersalz

30—50 g Leinsamen oder Sesam · 30 g Sauerrahmbutter

150 g Wasser

Aus den Zutaten einen Teig kneten und für 1 Stunde kalt stellen, den Backofen auf 225 Grad vorheizen. Den Teig auf bemehlter Arbeitsfläche dünn auswellen und Rechtecke ausradeln (6 x 12 cm). Auf ein gefettetes Backblech legen und mit dem Fleischklopfer ein Muster eindrücken. Mit Wasser bepinseln und mit Sesam oder Mohn bestreuen. Bei 225 Grad ca. 15 Minuten backen. Gut auskühlen lassen und in einer verschließbaren Dose aufbewahren.

Dinkelsemmeln

Für ca. 2 Bleche à 16 Stück:

1 kg Dinkelmehl · 500 ml Sojamilch

200 ml warmes Wasser · 1 Würfel Hefe

1–2 TL Vollmeersalz · Sojamilch zum Bestreichen

Mohn, Sesam, Leinsamen, Sonnenblumenkerne
oder Käse zum Bestreuen

Dinkelmehl in eine Schüssel geben, in die Mitte eine Mulde drük-ken und die im Wasser gelöste Hefe einrühren, so daß ein dickli-cher Brei entsteht. Zugedeckt 15 Minuten gehen lassen. Hat der Vorteig das doppelte Volumen erreicht, werden die restlichen Zu-taten eingeknetet. Nun wieder zugedeckt 45 Minuten gehen las-sen. An dieser Stelle sei noch einmal erwähnt, daß die Länge der Gehzeit von der Hefemenge und der Temperatur abhängt. Je we-niger Hefe Sie verwenden, desto länger muß Ihr Teig gehen, dann allerdings nicht zu warm — er »hefelt« sonst sehr stark. Je höher die Temperatur, desto kürzer die Gehzeit. Für Leute, die Hefe in großen Mengen nicht vertragen, ist die langsame, kalte Tour mit weniger Hefe ratsamer.

Den Hefeteig nochmals kräftig durchkneten, zwei Rollen formen und aus jeder Rolle 16 Stück schneiden. Auf bemehlter Arbeitsflä-che wird das Teigstück mit der hohlen Hand kreisend bewegt. Die Semmel wird dadurch oben rund und unten flach. Die geformten Semmeln auf ein gefettetes Backblech legen, kreuzweise oder nur in eine Richtung einschneiden, mit Sojamilch bestreichen und mit den oben angegebenen Zutaten bestreuen. Nochmals zuge-deckt 10 Minuten gehen lassen. Den Backofen auf 220 Grad vor-heizen. Die Semmeln bei 220 Grad circa 25 Minuten backen. Auf einem Gitter auskühlen lassen.

Weizen-Dinkel-Brot
mit Hefe

Sie sind jetzt sicher verwundert, daß auf 1 kg Mehl nur 10 g Hefe kommen. Es reicht wirklich, wenn Sie Zeit haben und den Teig kalt, aber dafür lange gehen lassen. Sie können ihn auch über Nacht in den Kühlschrank stellen.

---

500 g Dinkelmehl · 500 g Weizenmehl

2 TL Vollmeersalz · 700 g warmes Wasser · 10 g Hefe

1 EL Koriander oder anderes Brotgewürz

Alle Zutaten in eine Schüssel geben und diese sehr gut verkneten. Den Teig zugedeckt über Nacht eher kühl stehenlassen.

Am nächsten Tag den Teig kräftig durchkneten und zu einem Laib formen oder in eine gefettete Form geben. Die Teigoberfläche mit Wasser befeuchten, mit den Händen glattstreichen und mit einem angefeuchteten Messerrücken einschneiden. Zugedeckt nochmals 15 Minuten gehen lassen. Den Backofen auf 220 Grad vorheizen, die Fettpfanne gleich mit einschieben. Das Brot auf die mittlere Schiene des Ofens geben. Etwas heißes Wasser in die Fettpfanne gießen (dadurch wird das Brot schön knusprig) und das Brot bei 220 Grad circa 60 Minuten backen. Auf ein Gitter stürzen und abkühlen lassen. Sie können in dieses Brot auch Sonnenblumenkerne mit einarbeiten oder mit verschiedenen Gewürzen versehen, zum Beispiel Kümmel, Anis, Fenchel — je nach Verträglichkeit.

Sauerteig nur aus Weizenmehl

Bei uns stellte sich das Problem einer Roggenunverträglichkeit. Da die käuflichen Sauerteigansätze aber alle mit Roggenmehl hergestellt werden, versuchte ich einfach folgendes Rezept, und es gelang. Natürlich gäbe es da noch eine Alternative, nämlich das fertige Backferment von Sekowa (erhältlich im Naturkostladen oder im Reformhaus). Leider ist in diesem aber Honig enthalten und aus diesem Grunde für unseren Sohn (Pollenallergiker) nicht verwendbar. Dieser Sauerteigansatz ist zwar recht zeitaufwendig, Sie können ihn aber immer wieder zum Impfen des neuen Teiges verwenden und bei längerer Backpause auch einfrieren.

1. Tag abends: Vermischen Sie in einem Schraubglas 20 g Weizenmehl mit 20 g warmem Wasser. Wickeln Sie das Glas dick in Tücher ein und stellen Sie es in den auf 100 Grad vorgeheizten Backofen. Schalten Sie die Heizung nun aus. Eine Wärme von 28 bis 30 Grad ist gerade richtig für die Gärung. Dauer: circa 12 Stunden.

2. Tag morgens: Rühren Sie zum ersten Ansatz wieder 20 g Weizenmehl und 20 g warmes Wasser dazu und gehen Sie vor wie oben beschrieben. Sie können den Backofen zwischendurch auch wieder einmal anheizen, und zwar auf 50—100 Grad.

2. Tag abends: Rühren Sie wieder 20 g Weizenmehl und 20 g warmes Wasser mit in den Sauerteigansatz ein und lassen Sie ihn über Nacht wie oben beschrieben warm stehen.

3. Tag morgens: Der Sauerteig ist gebrauchsfertig, wenn er Bläschen gebildet hat, sauer riecht und beim Umrühren in sich zusammenfällt. Sie haben ungefähr die Menge von 125 g. Diese Menge reicht aus, um ein Brot von 1 kg Mehl zu backen.

Würziges Sauerteigbrot aus Weizenmehl

VORTEIG:
125 g Sauerteigansatz · ¼ l warmes Wasser
400 g Weizen- oder Dinkelvollkornmehl

Das Mehl in eine Schüssel geben und von der Mitte her den Sauerteigansatz und das Wasser einrühren. Das Backrohr auf 100 Grad vorheizen. Die Schüssel mit dem Vorteig in warme Tücher wickeln und in den warmen, aber ausgeschalteten Ofen stellen. Bei 28 bis 30 Grad soll jetzt der Vorteig circa 12 Stunden gären. Am besten setzen Sie den Vorteig abends an.

HAUPTTEIG:
600 g Weizenmehl · 2 TL Vollmeersalz
1 EL Kümmel, gemahlen · 1 EL Koriander, gemahlen
⅜ l warmes Wasser

Mehl und Gewürze in eine Schüssel geben, in die Mitte eine Vertiefung drücken und den Vorteig hineinlegen. Von der Mitte aus unter Zugießen des warmen Wassers verrühren bzw. kneten. Es ist sehr wichtig, daß der Teig kräftig und lange geknetet wird (10 bis 15 Minuten). Löst er sich vom Schüsselrand, wird der Teig mit Mehl bestäubt und wieder gut zugedeckt für circa 2 Stunden zum Gehen ins warme Backrohr gestellt.

Die Backformen kommen auf die mittlere Schiene des Backofens; etwas heißes Wasser in die untenstehende Fettpfanne gießen (ergibt eine schöne Kruste) und das Brot die ersten 10 Minuten bei 225 Grad backen. Auf 200 Grad zurückschalten und das Brot weitere 60 Minuten backen. Das fertige Brot auf ein Gitter stürzen und auskühlen lassen.

Weihnachtsbäckereien

Weihnachtsstollen

500 g Vollkornmehl
1 Packung Weinstein-Backpulver
1 Prise Vollmeersalz · 1 Msp Vanillepulver
200 g Birnendicksaft · 75 g Diätzucker
je 1 Msp Muskatblüte und Kardamom
2 EL Sojamehl oder 4 TL Lecithin · 4 EL Wasser
175 g Sauerrahmbutter · 250 g Sahnequark
250 g gewaschene Rosinen · 150 g gemahlene Mandeln
100 g Trockenfrüchte, gewürfelt, z. B. Apfelringe, Birnenschnitze, Feigen

Das Mehl auf ein genügend großes Holzbrett häufen, in die Mitte eine Vertiefung drücken. Alle trockenen Zutaten auf den Rand verteilen, die feuchten Zutaten in die Mulde geben. Mit zwei Teigblättern von außen her alles hacken und vermischen, mit den Händen zügig zu einem glatten Teig kneten.

Den Teig halbieren, 2 längliche Stollen formen und auf ein ausgelegtes Backblech legen. Eventuell mit Eigelb und Wasser bestreichen oder 3 EL Sahne plus 1 TL Lecithin mischen und damit bestreichen. In den auf 250 Grad vorgeheizten Backofen schieben und bei 175 Grad circa 1 Stunde backen. Man kann vor dem Backen in die Mitte des Stollens auch Marzipan mit einrollen. Den ausgekühlten Stollen ein paar Mal mit einer hellen Glasur bestreichen, zwischendurch immer wieder trocknen lassen. Oder als Zwischenschicht noch zerlassene Butter darüberträufeln. Der Stollen läßt sich sehr gut tiefkühlen oder in einer Blechdose im kalten Keller lagern.

Plätzchen

Vanillekipferl

Für 1 Blech, gut belegt:
260 g Vollkornmehl · 200 g Sauerrahmbutter
100 g Birnendicksaft · 100 g gemahlene Mandeln
ZUM BESTÄUBEN:
Diätzucker mit Vanillezucker

Alle Zutaten zu einem mürben Teig verkneten, für ½ Stunde kalt stellen. Mit den Händen gleichmäßig große Kipferl formen, auf ein gefettetes oder mit Backpapier ausgelegtes Blech legen. Bei 180 Grad circa 10–15 Minuten hell backen und noch heiß mit dem Zucker bestäuben.

Apfelzungen

Für ca. 3 Bleche:

200 g Sauerrahmbutter · 100 g Birnendicksaft · 4 EL Sojamehl

100 g Marzipan (Eigenproduktion, siehe Seite 142)

ca. ¼ l Bio-Apfelsaft naturtrüb · 260 g Vollkornmehl

1 TL Weinstein-Backpulver

Apfel-Gelee (mit Agar-Agar und Birnendicksaft) für die Fülle

Butter und Sojamehl schaumig rühren, Birnendicksaft unterrühren, dann die restlichen Zutaten in den Teig arbeiten. Er darf nicht zu weich sein. Den Teig in einen Spritzbeutel mit Lochtülle füllen und davon circa 5 cm lange Streifen auf das vorbereitete Backblech spritzen. Bei 200 Grad 10–15 Minuten backen. Nicht zu trocken werden lassen. Die ausgekühlten Zungen auf der flachen Seite mit Apfelgelee bestreichen, mit einer zweiten Zunge belegen und nach Belieben ein Ende in eine Schokoladenglasur (siehe Seite 144) tauchen.

Spritzgebäck

Für 2 Bleche:

180 g Sauerrahmbutter · 100 g Apfel-Birnen-Kraut

50 g Birnendicksaft · 2 TL Lecithin · 250 g Vollkornmehl

Sojamilch oder Mineralwasser nach Bedarf

50 g gehackte Pistazien

Einen mittelfesten Rührteig herstellen und in einen Spritzbeutel mit Sterntülle füllen. Auf ein ausgelegtes Backblech verschiedene

Formen spritzen, zum Beispiel S–Form, Kringel oder Streifen. Mit gehackten Pistazien bestreuen und circa 15 Minuten bei 175 Grad backen.

Baseler Leckerli

Für 1 Blech:
100 g gehackte Mandeln · 100 g gehackte Cashewkerne
100 g Trockenfrüchte, gewürfelt · 3 EL Apfelsaft
600 g Vollkornmehl
1 Packung Weinstein-Backpulver · 2 EL Apfelsaft
1 Packung Pfefferkuchengewürz (achten Sie der Verträglichkeit halber aber auf die einzelnen Gewürze)
2 EL Sojamehl · 600 g Birnendicksaft
1 EL Sauerrahmbutter · 50 g ganze, geschälte Mandeln

Mandeln, Cashewkerne und Trockenfrüchte (Apfelringe, Birnen, Pflaumen, Rosinen, im Mixer zerkleinert) im Apfelsaft ziehen lassen. Das Vollkornmehl mit den restlichen Zutaten verrühren und den Teig circa 1 Stunde ruhen lassen. Die Mandelmasse in den Teig einkneten und diesen auf ein gebuttertes Backblech streichen. Bei 175 Grad circa 25 Minuten backen. Noch warm in Rechtecke schneiden, mit einer hellen Glasur bestreichen und mit den Mandeln belegen.

Spitzbuben

---

300 g Vollkornmehl · 100 g gemahlene Mandeln

2 TL Lecithin · 1 Msp Vanillepulver

150 g Apfel-Birnen-Kraut · 225 g Sauerrahmbutter

Flüssigkeit nach Bedarf, zum Beispiel Mineralwasser

Apfelsaft · Sojamilch

Johannisbeer- oder Himbeermarmelade (Eigenproduktion, siehe Seiten 55/56)

Diätzucker mit Vanillepulver zum Bestäuben

Apfel-Birnen-Kraut mit Butter und Lecithin schaumig rühren, die Mandeln zugeben. Das Mehl und die Flüssigkeit unterrühren bzw. unterkneten und den fertigen Mürbeteig für ca. $\frac{1}{2}$ Stunde kalt stellen. Den Teig zwischen zwei Folien nicht zu dick auswellen. Kreise und Ringe ausstechen oder Rechtecke ausradeln und auf ein gefettetes oder ausgelegtes Backblech legen. Bei 200 Grad circa 10 Minuten backen. Die Ringe bzw. die Rechtecke (= Deckel) noch heiß bestäuben. Die abgekühlten Unterteile mit Marmelade bestreichen und die Ringe oder Rechtecke aufsetzen.

Zimtsterne

---

250 g Vollkornmehl · 100 g gemahlene Mandeln

150 g Birnendicksaft · 125 g Sauerrahmbutter

2 EL Zimt · 2 EL Apfelsaft

Einen Mürbeteig herstellen und in Folie gehüllt 4 Stunden ruhen lassen. Den Teig zwischen zwei Folien auswellen und Sterne ausstechen, auf ein gefettetes Backblech legen und bei 175 Grad circa

10 Minuten backen, auskühlen lassen. Die erkalteten Sterne mit einer Glasur aus Diätzucker und Wasser bestreichen.

Kokosmakronen

100 g Apfel-Birnen-Kraut · 50 g Birnendicksaft	
2 TL Lecithin · 150 g Kokosflocken · 2 EL Apfelsaft	
1 EL Vollkornmehl · kleine runde Oblaten nach Bedarf	

Alle Zutaten verrühren und mit zwei Teelöffeln kleine Häufchen auf die Oblaten setzen. Bei 150 Grad circa 20–30 Minuten backen. Sie sollen außen knusprig und innen noch weich sein.

Sesamkipferl

125 g Sauerrahmbutter · 100 g Apfel-Birnen-Kraut	
1 Msp Vanillepulver · 2 TL Lecithin	
1 EL Apfelsaft · 200 g Vollkornmehl	
100 g geschälte, gemahlene Mandeln · 100 g Sesam	

Alle Zutaten zu einem mürben Teig verkneten, Mandeln zugeben und in Folie gewickelt für ½ Stunde kalt stellen. Hörnchen formen, in Sesam wälzen und bei 175 Grad circa 15–20 Minuten backken.

Mürbeteigplätzchen

---

375 g Vollkornmehl · 2 TL Lecithin

---

2 TL Weinstein-Backpulver · 6 EL Birnendicksaft

---

125 g kalte Butter · 1 Msp Vanillepulver

Einen Mürbeteig herstellen und für ½ Stunde kalt stellen. Den Teig
zwischen zwei Folien nicht zu dick auswellen. Beliebige Formen
ausstechen, mit gehackten Pistazien, Kokosflocken, hellem oder
dunklem Sesam oder Sonnenblumenkernen bestreuen und bei
175 Grad circa 10—15 Minuten backen. Die Plätzchen nicht zu trok-
ken backen!

Elisenplätzchen

---

200 g Birnendicksaft · 3 EL Sojamehl oder 3 TL Lecithin

---

1 Msp Vanillepulver · 3 EL Apfelsaft

---

250 g gemahlene Mandeln

---

*150 g gewürfelte Trockenfrüchte, z. B. Apfelringe
oder Birnenschnitze*

---

50 g Vollkornmehl · Oblaten Ø 3—4 cm

Schokoglasur (siehe Seite 144)

Aus allen Zutaten einen festen Teig herstellen und ½ Stunde ru-
hen lassen. Häufchen auf die Oblaten setzen und mit einem in
Wasser getauchten Messer rundherum zu einem Kegel streichen.
Bei 150 Grad circa 20—25 Minuten backen. Die erkalteten Plätz-
chen mit einer Schokoglasur bestreichen. Auf die Glasur können
Sie als Kontrast noch geschälte, gemahlene Mandeln streuen.

Müslitaler

Für 3 Bleche:

125 g getrocknete Apfelringe (gewürfelt)

100 g gehackte Mandeln · 100 g gehackte Cashewkerne

200 g Weizenflocken · 150 g Rosinen

200 g Apfel-Birnen-Kraut · 2 TL Lecithin

200 g Vollkornmehl · 150 ml Sahne

150 ml Sojamilch oder Mineralwasser

80 g flüssige Sauerrahmbutter

Alle Zutaten einschließlich des Vollkornmehles in einen größeren Topf geben. Flüssigkeit und Butter zugießen und unter Rühren erhitzen, bis die Masse geschmeidig ist. Den Teig auf ein gefettetes, bemehltes Blech streichen, bei 175–200 Grad in circa 30–35 Minuten goldgelb backen.

Noch warm Kreise ausstechen, vom Blech lösen und zum Abkühlen auf ein Gitter legen.

Variante: Um mehr Taler aus der Menge herauszubekommen, kann man den Teig auch sofort auf runde Oblaten streichen und so backen, dann allerdings nur circa 20–25 Minuten. Die oben genannten 3 Bleche beziehen sich auf diese Variante.

Mandellebkuchen

250 g Apfel-Birnen-Kraut · 4 TL Lecithin

4 EL Wasser oder mehr · 250 g gemahlene Mandeln

100 g gehackte Mandeln · 150 g gewürfelte Trockenfrüchte

1 TL Zimt · je 1 Msp Piment, Nelken, Muskatnuß, Kardamom

250 g Weizen- oder Dinkelmehl · 1 EL Weinstein-Backpulver

evtl. noch etwas Wasser · Oblaten Ø 7 cm

Aus Apfel-Birnen-Kraut, Lecithin und Wasser eine Schaummasse rühren. Die restlichen Zutaten zugeben und gut durchkneten. Der Teig darf fest sein. Den Teig 2 Stunden im Kühlschrank ruhen lassen, anschließend auf Oblaten streichen (wie bei Elisenplätzchen), mit ganzen, geschälten Mandeln belegen und bei 175 Grad circa 15–20 Minuten backen.

Variante: Sie lassen die Mandeln vor dem Backen weg, überziehen die Lebkuchen nach dem Backen mit einer Schokoglasur und garnieren zuletzt wieder mit ganzen oder gehackten Mandeln.

Konfekt und Glasuren

Marzipan

Ergibt 250 g fertiges Marzipan:

200 g geschälte Mandeln · 3–5 bittere Mandeln

5 EL Birnendicksaft oder Honig

3 EL Rosenwasser (Reformhaus, Apotheke)

Geschälte Mandeln (ganze Mandeln kurz in kochendes Wasser geben, abseihen und aus der Schale drücken, auf einem Tuch ausgebreitet trocknen lassen) und Bittermandeln sehr fein mahlen (Mixer). Süßungsmittel und Rosenwasser zugeben und gut durchkneten. In Folie gewickelt einen Tag im Kühlschrank durchziehen lassen.

Hagebuttenkugeln

Für ca. 35 Stück:

200 g geschälte, gemahlene Mandeln

2 EL Hagebuttenmarmelade (Eigenproduktion, siehe Seite 56)

100 g gemahlene, geröstete Mandeln

½ Rezept Schokoglasur (siehe Seite 144)

Mandeln mit der Marmelade vermischen, Kugeln von 2 cm Ø formen. Die Kugeln auf einen Holzspieß stecken und in der Schokoglasur drehen. Sofort in den gerösteten Mandeln wälzen und auf Pergamentpapier trocknen lassen.

Mandelkonfekt

Für ca. 30 Stück:

75 g Birnendicksaft · 50 g Diätzucker · 2 EL Sahne

250 g Mandelstifte · 1 TL Zimt

Birnendicksaft und Diätzucker erhitzen, Sahne zugeben, kurz aufkochen und den Topf vom Herd nehmen. Mandelstifte und Zimt unterziehen. Mit Hilfe zweier Teelöffel, die man immer wieder in heißes Wasser taucht, kleine Häufchen auf Backpapier setzen und über Nacht trocknen lassen. Das fertige Konfekt in Konfektpapier setzen und in Dosen aufbewahren.

Kastanienkonfekt

Für ca. 40 Stück:

125 g getrocknete Äpfel · 3 EL Apfelsaft

200 g Marzipan · 50 g Diätzucker

½ Rezept Schokoglasur (siehe unten)

Äpfel fein hacken und im Apfelsaft 2 Stunden ziehen lassen. Marzipan und Diätzucker dazukneten, kleine Kugeln formen, auf einen Holzspieß stecken und zu ⅔ in die Schokoglasur tauchen. Auf Pergamentpapier trocknen lassen und in Konfektpapier setzen.

Schokoglasur

150 g Diätzucker · 2 EL Kakaopulver (oder Carobpulver)

50 g Kokosfett · 4 EL heißes Wasser

Diätzucker und gesiebten Kakao oder Carobpulver mischen, mit heißem Wasser glattrühren, zuletzt zerlassenes, warmes Kokosfett unterrühren, sofort verwenden. Damit die Glasur nicht zu schnell erkaltet, kann man sie auch in ein warmes Wasserbad stellen. Es ist wichtig, die Glasur gut zu verrühren, bis sich der etwas gröbere Diätzucker gelöst hat.

Helle Glasur

Man gibt in eine Tasse circa 150 g Diätzucker und rührt nach und nach löffelweise heißes Wasser dazu, bis eine glatte, glänzende Masse entsteht. Sie können zuletzt auch ein paar Tropfen Apfelsaft nehmen, dadurch wird die Glasur etwas säuerlicher.

Variation zur hellen Glasur: Man gibt in eine Tasse 25 g zerlassenes Kokosfett und rührt 2 EL Birnendicksaft oder Honig dazu. Mit einem Pinsel dann Kuchen, Hefezopf oder Kleingebäck damit einstreichen. Lassen Sie sich nicht dadurch irritieren, daß das Fett oder der Honig sich anfangs nicht gut verbinden. Im Moment des Aufpinselns ist das Problem behoben!

Backwerk und Leckereien zur Osterzeit

Ostereier

GRUNDMASSE:

100 g Weizen · 130 g Nackthafer

200 g Birnendicksaft · 100 g Mandel- oder Cashewmus

½ TL Zimt · ½ TL Vanillepulver · 100 g gemahlene Mandeln

FÜR SCHOKOLADENEIER:

2 EL Birnendicksaft · 2 EL Kakao oder Carob

FÜR FRUCHTEIER:

4 EL naturtrüber Apfelsaft

1 TL Delifrut (Gewürzmischung für Süßspeisen, aus dem Reformhaus)

50 g getrocknete, feingehackte Apfelringe

1 EL gehackte Mandeln oder Cashewkerne

Weizen und Hafer auf einem Backblech 1 Stunde bei 80 Grad im Backrohr darren, abkühlen lassen und in der Getreidemühle fein mahlen. Alle Zutaten zur Grundmasse verrühren. Die Grundmasse halbieren und je einmal Fruchteier und einmal Schokoladeneier herstellen. Die jeweiligen Zutaten werden untergeknetet. Den Teig 1—2 Tage zugedeckt im Kühlschrank ruhen lassen. Danach Ostereier formen (jeweils circa 2,5 cm) und auf Pergamentpapier gut trocknen lassen. Sie dürfen nicht mehr kleben. Man kann die Ostereier auch in buntes Stanniolpapier, Alufolie oder buntes Seidenpapier wickeln. Aufbewahrung in Dosen im Keller.

Fruchtschnitten

Zwetschgenschnitten

200 g Dörrzwetschgen ohne Stein · 65 g Nackthafer
100 g Mandeln (die Hälfte gehackt und die Hälfte gemahlen)
2 EL Birnendicksaft · ¹/₂ TL Zimt
1 TL Kakao oder Carobpulver · große rechteckige Backoblaten

Die Zwetschgen 1–2 Stunden im Wasser quellen lassen, das Einweichwasser abgießen, die Früchte sehr fein hacken oder in der Küchenmaschine zerkleinern. Den Hafer in einer trockenen Pfanne einige Minuten unter Rühren rösten, abkühlen lassen und in der Getreidemühle fein mahlen.

Birnendicksaft, Zimt, Kakao, Hafermehl und Mandeln unter die Zwetschgen mischen. Die Fruchtmasse soll sehr fest sein, eventuell noch Mandeln zugeben. Die Fruchtmasse mit einem nassen Messer ¹/₂ cm dick auf die Oblaten streichen. Jeweils mit einer Oblate abdecken. Die gefüllten Oblaten über Nacht mit einem Holzbrett plus Büchern beschweren. Am nächsten Tag in Streifen schneiden. Eine gefüllte Oblate ergibt 5 Streifen. Auf einem Gitter noch 1 Tag trocknen lassen. Aufbewahrung in Dosen im Keller oder nach Belieben einen Vorrat einfrieren.

Für den Osterteller wickle ich die Schnitten in Zellophanpapier, das an beiden Enden mit einer bunten Wollschnur verschlossen wird.

Apfel-Mandel-Schnitten

Für ca. 40 Stück:

300 g getrocknete Apfelringe · 250 g gehackte Mandeln

100 g Leinsamen · 200 g grobe Haferflocken

125 g Sauerrahmbutter · 100 g Birnendicksaft

100 g Apfel-Birnen-Kraut · 200 g Sahne

10 große, rechteckige Backoblaten

Die Apfelringe fein würfeln, mit den Mandeln, dem Leinsamen und den Haferflocken mischen. Die Butter in einem Topf zerlassen. Honig bzw. Birnendicksaft und Sahne zugeben und kurz aufkochen. Die Frucht-Mandel-Mischung einrühren und unter ständigem Rühren die Masse so lange köcheln lassen, bis sie etwas bindet.

Die Masse gleichmäßig auf die Oblaten streichen und sorgfältig glattstreichen. Im vorgeheizten Backofen bei 200 Grad 10—15 Minuten backen. Aus dem Ofen nehmen und mit den übrigen Oblaten abdecken. Sollten sie nicht festkleben, kann man etwas Apfel-Birnen-Kraut daraufstreichen. Über Nacht beschweren und dann in gleichmäßige Riegel schneiden: zuerst halbieren, dann aus den Hälften 4 Streifen schneiden. Aufbewahrung in Dosen im Keller oder tiefgefrieren. Für den Osterteller in Zellophanpapier einwikkeln und die Enden mit einer Schleife zusammenhalten.

Pflaumen-Sonnenblumenkern-Schnitten

Für ca. 40 Stück:

400 g Vollkornmehl · 200 g Apfel-Birnen-Kraut

2 EL Sojamehl · 150 g Sauerrahmbutter · 600 g Dörrpflaumen

100 g Möhren · 300 g Sonnenblumenkerne

Mineralwasser nach Bedarf

ZUM BESTREICHEN:

Hagebuttenmus ohne Zucker

Mehl auf die Arbeitsfläche häufen, von der Mitte aus Apfel-Birnen-Kraut, Sojamehl, ⅛ l oder mehr Mineralwasser und Butter einkneten.

Dörrpflaumen kleinschneiden oder hacken, Möhre schälen und reiben. Zerkleinerte Möhren, Pflaumen und 150 g Sonnenblumenkerne in den Teig einkneten, Teig für ½ Stunde kalt stellen. Backrohr auf 175 Grad vorheizen, ein Backblech einfetten und mit Mehl bestäuben.

Den Teig zwischen zwei Folien ausrollen, auf das Backblech legen, Folie auflegen und fertig auswellen. Achten Sie auf gerade Kanten! Im Backofen 15 Minuten vorbacken. Mit Hagebuttenmus bestreichen und den restlichen Sonnenblumenkernen bestreuen. Weitere 25 Minuten backen. Auskühlen lassen und in Riegel schneiden. Aufbewahrung in Dosen im Keller. Legen Sie zwischen die Riegel immer ein Pergamentpapier, damit sie nicht aneinander kleben. Auch diese Fruchtschnitten sind zum Tiefkühlen geeignet.

Osterzopf

500 g Vollkornmehl

1 Würfel Hefe oder 1 Packung Trockenhefe

ca. 200 ml warmes Wasser · 100 g flüssige Sauerrahmbutter

100 g Birnendicksaft oder Honig

100 g Crème fraîche · 250 g ungeschwefelte Rosinen

ZUM BESTREICHEN:

1 Eigelb oder 2 EL Sahne, mit 1 TL Sojamehl
oder etwas Lecithin verrührt

Vollkornmehl in eine Schüssel geben, in die Mitte eine Mulde drücken. Hefe im warmen Wasser auflösen und in der Mehlmitte zu einem dicklichen Brei verrühren, circa 15 Minuten gehen lassen. Die übrigen Zutaten zugeben, gut verkneten, mit Mehl bestäuben und zugedeckt nochmals 40 Minuten gehen lassen. Den Teig durchkneten, drei Rollen formen und auf dem gefetteten Blech daraus einen Zopf flechten. Mit Eigelb oder Sahne-Soja-Gemisch bestreichen, mit blättrig geschnittenen Mandeln oder Sonnenblumenkernen bestreuen und im Backrohr bei 200 Grad 40–50 Minuten backen. Den ausgekühlten Osterzopf können Sie mit einer hellen Glasur (siehe Seite 144) aus Kokosfett und Birnendicksaft bestreichen.

Osterlamm aus Rührteig

Ergibt 2 Lämmer:

150 g Sauerrahmbutter · 150 g Birnendicksaft

3 Eigelb oder 3 EL Sojamehl · 125 g gemahlene Mandeln

1 Prise Vollmeersalz · 300 g Vollkornmehl

½ Packung Weinstein-Backpulver

etwas Mineralwasser mit Kohlensäure zur Teiglockerung

Weiche Butter mit Birnendicksaft und Eigelb oder Sojamehl schaumig rühren. Mandeln, Mehl und Backpulver unterrühren. Etwas Mineralwasser zugeben, der Teig soll schwer vom Löffel reißen.

Die Formen — Sie können auch Hasenformen verwenden — mit zerlassener Butter ausstreichen und den Teig einfüllen. Bei 200 Grad circa 45 Minuten backen. Nach dem Backen zuerst auskühlen lassen und dann aus der Form nehmen. Den Boden gerade abschneiden. Das Lamm mit Diabetikerzucker bestäuben oder eine helle Glasur auftragen. Wenn man Kakao verträgt, kann man auch eine Schokoglasur (siehe Seite 144) herstellen und das Lamm damit bestreichen.

Das Lamm läßt sich auch einfrieren, in diesem Fall die Glasur jedoch noch weglassen und erst nach dem Auftauen glasieren.

Adressen, die weiterhelfen:

Bundesverband Neurodermitis-
kranker in Deutschland e. V.
Sabelstr. 39
5407 Boppard 1
Tel.: 0 6742/25 98

Allergiker- und Asthmatiker-
bund e. V.
Hindenburgstr. 110
4050 Mönchengladbach 1
Tel.: 0 21 61/18 30 24

Arbeitsgemeinschaft allergie-
krankes Kind e. V.
Hauptstr. 29
6348 Herborn
Tel.: 0 27 72/4 12 37

Deutscher Neurodermitiker
Bund e. V.
Mozartstr. 11
2000 Hamburg 76
Tel.: 0 40/2 20 57 57

Gesellschaft für Angewandte
und Experimentelle Allergie-
forschung mbH
Postfach
4050 Mönchengladbach 1
Tel.: 0 21 61/81 93 10

Diese Organisation erstellt u. a.
Schadstoff- und Allergene-
analysen in Wohn- und
Arbeitsräumen.

Institut für Baubiologie und
Ökologie
Holzham 25
8201 Neubeuern
Tel.: 0 80 35/20 39

Therapiezentrum »Schwelmer
Modell«
Hauptstr. 165
5830 Schwelm
Tel.: 0 23 36/1 89 97

Deutsche Stiftung für
Psoriasis- und Neurodermitis-
forschung e. V.
Fontanestr. 14
5300 Bonn–Bad Godesberg
Tel.: 02 28/35 10 91

Spezialkliniken, Ärzte und Heilpraktiker

(teilweise empfohlen vom
Bundesverband Neurodermitis-
kranker in Boppard)

Kinder-Rehazentrum Fehmarn
Chefärztin Dr. med. Hannelore
Zimmermann
2448 Burg auf Fehmarn
Tel.: 0 43 71/50 12 22

Kinderkrankenhaus
Gelsenkirchen-Buer
Prof. Dr. med. E. A. Stemmann
4660 Gelsenkirchen-Buer
Tel.: 02 09/36 92 20

Schwarzwaldklinik
VS-Villingen
7730 VS-Villingen
Tel.: 0 77 21/80 90

Spezialklinik Höhenkirchen
Dr. med. M. Gaisbauer
8011 Höhenkirchen
Tel.: 0 81 02/89 30

Veramed-Klinik Inzell
8221 Inzell
Tel.: 0 86 65/6 70

Ärzte:

Dr. med. A. Holena
2080 Pinneberg
Tel.: 0 41 01/6 67 00

Dr. med. Peter Liffler
Kinderarzt
2448 Westfehmarn
Tel.: 0 43 72/13 37

Dr. med. Peter Scholz
3454 Bevern
Tel.: 0 55 31/82 88

Dr. med. W. Lobeck
4390 Gladbeck-Zweckel
Tel.: 0 20 43/51 04 1

Dr. med. Reinhard Winter
4404 Telgte
Tel.: 0 25 04/50 17

Dr. med. Hajo Peters
5108 Monschau/Eifel
Tel.: 0 24 72/14 14

Dr. med. Sylvia Franz
6051 Dietzenbach
Tel.: 0 60 74/2 69 14

Dr. med. B. Frederich
6100 Darmstadt
Tel.: 0 61 51/3 33 17

Dr. med. M. Fieber
6330 Wetzlar
Tel.: 0 64 41/4 52 21

Frau Anne Sparenborg
Ärztin für klassische
Homöopathie
6349 Greifenstein-Allendorf,
Korngasse 16
Tel.: 0 64 78/6 79

Dr. Diego Huber-Petersen
6412 Gersfeld
Tel.: 0 66 54/16 16

Dr. med. H. Kief
6700 Ludwigshafen/Rhein
Tel.: 06 21/66 25 00

Dr. Schmid
6790 Landstuhl
Tel.: 0 63 71/30 88

Dr. med. Stippig, Kinderarzt
8000 München 70
Tel.: 089/7140989

Schwabinger Kinder-
krankenhaus
Sprechstunde für naturheil-
kundliche Behandlung
8000 München
Tel.: 089/3068473

Dr. med. Michael Worlitschek
Prakt. Arzt — Naturheil-
verfahren
8392 Waldkirchen
Tel.: 08581/1001

Arno Thaller
Prakt. Arzt
8831 Markt-Berolzheim
Tel.: 09146/311

Frau Dr. med. Riedel
8900 Augsburg
Tel.: 0821/518575

Heilpraktiker

HP G. Münzer
2000 Hamburg
Tel.: 040/446879

Gemeinschaftspraxis
HP Martin Keymer,
HP Michael Lindemann
2308 Preetz
Tel.: 04342/2111

HP Hans Höting
2800 Bremen 61
Tel.: 0421/825677

HP M. Trojan
2850 Bremerhaven
Tel.: 0471/415985

HP R. Witzisk
5000 Köln
Tel.: 0221/210151

HP Fr. H. Haussig
5201 Lohmar 1
Tel.: 02241/387095

HP Fr. Hilde Krumholz-Stielow
5450 Neuwied
Tel.: 02631/24097

HP Michael Stieglitz
6473 Gedern
Tel.: 06045/1269

HP Udo Lamek
6740 Landau
Tel.: 06341/80484

HP Wolfgang Spiller
7730 VS-Villingen
Tel.: 07721/4503

HP Retlaw Hüttemann
8391 Ruderting
Tel.: 08509/870

HP M. Eisert
8750 Aschaffenburg
Tel.: 06021/20618

Gemeinschaftspraxis
HP Christa und Hans Dehmer
8750 Aschaffenburg-Schwh.
Tel.: 0 60 21/9 79 82

HP J. König
8950 Kaufbeuren
Tel.: 0 83 41/8 11 07

Goldnerz-Cosmetic,
Hersteller Peter Bartz
5180 Eschweiler
Tel.: 0 24 03/2 75 87

Literaturnachweis

[1] vgl.: BECKER, W.: Die Bedeutung gesunder Ernährung für die körpereigenen Abwehrkräfte. Hauptgesundheitsamt Bremen, 4. Aufl. 1991

[2] vgl.: KOLLATH, W.: Die Ordnung unserer Nahrung. (Haug) Heidelberg, 9. Aufl. 1981

[3] vgl.: KÖRNER, U.: Seminar Allergie und Ernährung. Brühl, 20./21. 4. 1991

[4] vgl.: MÄNNLE, T. u.a.: Unsere Vollwert-Ernährung. Tabelle DIN A 2. (Ardos) Gießen, 2. Aufl. 1984

[5] vgl.: SOUCI, FACHMANN, KRAUT: Die Zusammensetzung der Lebensmittel, Nährwert-Tabellen 1989/90. (WVG) Stuttgart, 4. Aufl. 1989

[6] vgl.: VON KOERBER, MÄNNLE, LEITZMANN: Vollwert-Ernährung. (Haug) Heidelberg, 6. Aufl. 1987

Register nach Sachgruppen

Alphabetisches Register